LOGIC

投行

INVESTMENT BANKING 的

楼新平 著

逻辑

商业模式的颠覆与重构

中华工商联合出版社

图书在版编目（CIP）数据

投行的逻辑：商业模式的颠覆与重构 / 楼新平著． -- 北京：中华工商联合出版社，2020.6

ISBN 978-7-5158-2624-0

Ⅰ．①投… Ⅱ．①楼… Ⅲ．①投资银行－研究 Ⅳ．① F830.33

中国版本图书馆 CIP 数据核字（2020）第 073494 号

投行的逻辑：商业模式的颠覆与重构
Logic of Investment Banking

作　　者：楼新平
出 品 人：李　梁
责任编辑：于建廷　臧赞杰
装帧设计：周　源
责任审读：傅德华
责任印制：迈致红
出版发行：中华工商联合出版社有限责任公司
印　　刷：河北文盛印刷有限公司
版　　次：2020 年 7 月第 1 版
印　　次：2024 年 1 月第 2 次印刷
开　　本：710mm×1000 mm　1/16
字　　数：220 千字
印　　张：14.25
书　　号：ISBN 978-7-5158-2624-0
定　　价：85.00 元

服务热线：010-58301130-0（前台）
销售热线：010-58301132（发行部）
　　　　　010-58302977（网络部）
　　　　　010-58302837（馆配部）
　　　　　010-58302813（团购部）
地址邮编：北京市西城区西环广场 A 座
　　　　　19-20 层，100044
http://www.chgslcbs.cn
投稿热线：010-58302907（总编室）
投稿邮箱：1621239583@qq.com

一位"投行农民工"的知行感悟

2015 年以来,人们一致认为接下来的大事件是创业创新。我们的理由是,中国政府数次强调:"要大力推动大众创业、万众创新,支持创新型企业特别是创新型小微企业发展,让各种创新资源向企业集聚,让更多金融产品和服务对接创新需求,用创新的翅膀使中国企业飞向新高度。"

创业的新征程由此开始。人们开始忙碌起来。无论是政府机构还是其他形式的组织,为人们传递着强大的创业创新正能量,但这些创业创新项目又有很多是失败的。无数的创业者为自己创造了一个创业创新的泡沫,而非前途光明的世界。不少初创公司以及已经进入发展阶段的中小企业遭遇了相同的结局——倒闭破产。数字透过纸背表明了泡沫正在快速破灭。

他们为什么会遭遇滑铁卢？官方给出的答案是：在转型升级的必经之路上，优胜劣汰是必然。但过去可以，现在同样也可以使创业者或者中小企业走向成功，之所以折戟是因为多数创业者忽略了每个公司必须回答的 3 个问题：

1. 为什么创业？

创业是条不归路，融资和上市是你的最终目标吗？

2. 在哪里创业？

创业最怕本质错位，互联网行业是你最好的选择吗？

3. 怎么创业？

创业折腾的是梦想、时间和本钱，你拿什么做到资产回报最大化和资金效率最大化？你的商业模式是什么？

我曾多次与自己的团队讨论研究这些，很难确切解释某一创业者失败的缘由，但我们有一个共识，即"创业者活下去最重要"是个伪命题。在活下去最重要的理念下，能力越强的团队越容易掩盖商业模式的缺陷；在选择创业前，方向比商业模式更重要，在创业过程上，商业模式的打磨比埋头苦干更重要；对于企业运作来说，无知和弱小不是生存和发展的障碍，尤其是对于资本杠杆运作来说，非理性和金融法律知识的严重缺失才是最大的危机。

任何一个错误都足以毁掉一家公司。在过去的几年时间里，我每年平均经手项目计划书超过 2000 份，然后从中挑选出 300 份左右靠谱的项目书，进行现场实地考察。工作到以"眼冒金星""口吐白沫"来形容不为过，毕竟是一笔不小的交易；而真正能够获得投资的项目，一年下来也就 3 个左右。

这样的工作量一般人不能想象和承受。一是在外人看来，投行人出入高级写字楼，西装革履，谈的都是过百万、上千万甚至过亿的项目，绝对是"高大上"的代表，事实是，如果没有农民般的踏实和勤奋，没有投行逻辑的智慧和思想，想在这一行里有所成就，那就看你是不是"风口上那只幸运的猪"了。二是最终 3 个左右的成功项目相对于起初的超过 2000 份的项目计划书而言，简直沧海一粟。

所以值得我们仔细回顾并总结其失败的原因，为中国经济增长、经济结构调整做出最有力的贡献。基于这样的初衷，我将自己多年的经验结集成册，以示警醒。

我越发感觉到一个商业模型的形成，一个思维模式的建立，决定了我们看问题的起点，决定了我们所处的位置，也决定了我们所能支配的资源。世界的发展、国家的进步、企业的运营和个人的未来，最终的一切，都源于对资源的掌握和支配的权力。

上天除了给了每个人最公平的资源——时间以外，其他的资源取决于我们每一个人能够站得多高看得多远。我的亲身经历和实践经验，让我对创业者的需求和投资人的困惑有了更深刻的了解，同时也感受到了资本的魅力，也见识了伪金融学家的伎俩。《投行的逻辑》是对我在投行十几年从业经历的思考和总结，希望能够帮助更多的创业者和投资人。

我认为，每一个中国人都应该做到知行合一，才能真正体现自己的责任与担当。

十多年投行经历，我既是创业者也是投资人，看到了创业者的冲劲和他们面对资金时的束手无策；也看到了投资人对创业项目的困惑和内心的纠结。因此，我既能贴近创业者的心声讲述投资人的担忧，也能理解投资人的目的讲述创业人的故事。有人比喻，投资人与创业人就像是一对欢喜冤家，投资人好比男方，创业人就像是女方：创业人（女方）往往高估了自己的魅力，而投资人（男方）又常常过高估计了自己的实力。

如何让双方都能听到对方的心声，这是投行人要做的重要事情。投资以后的企业运营和发展壮大比结婚以后的一个家庭，管理运营的难度大多了。与其说是研究项目或者资本，倒不如说是研究人来得更准确些。人对了，事就对了。风口只是机会，我们得努力做好准备。

作为一个"投行农民工"，已经看过太多失败和成功的案例。尽管我们已经颠覆了传统的投资模式，提高了投资效率，但凭一己之力，所能帮助到的创业人和企业仍然是有限的。

投行逻辑并不是一个秘不可测的东西，而是通过对商业活动核心的本质洞察，在行业和产业链中，将有形和无形的资源重新配置，使所有交易环节的资源使用效率最大化，参与商业活动链条上各环节的利益最大化。

我们也可以定义它是一种多维度的商业智慧，在商业活动中，谁真正拥有这个智慧，谁就拥有了资源支配权，谁就可以实现企业的高速增长。

投行逻辑仅仅是一种思维方式，是一种能够看透金融本质或者说事物本质的思维方式，无论是国家、企业或者个人，学会投行思维以及运用投行思维的方式，就能够站在资源的最顶端，掌握资源的配置权。美国运用好投行思维，成为金融霸主；企业运用好投行思维，让企业成为一个永久持续盈利的工具；个人运用好投行思维，成为物质和精神都相对自由的自由人。

大众创业万众创新的时代，我们最想看到的就是好项目，让更多人不再进入金融和资本的误区，让更多项目快速发展，让更多企业家能够插上资本的翅膀。

所以，《投行的逻辑》中我们通过对美国、新加坡等国家发展历程的分析，对国内企业案例的分析，让读者能够了解和学会投行思维的理论和运用手段。当然，除了讲述如何学习投行思维，以及投行思维的核心内容和实践案例外，还涉及投行思维运用的基础，就是企业的商业模式。关于商业模式的体系，内容十分丰富，由于本书容量有限，不能在此详细叙述，仅仅对商业模式体系中最基本的问题加以阐述，希望能够给读者带来些许有用的东西。

　　"帮助别人就是帮助自己"，这就是投行的本质也是投行最大的魅力。

　　这本书，不能算是一本著作，仅仅是一个观念观点的阐述而已，算是投石问路、与同行交流的契机吧，没有经过精雕细琢，仓促而成，仅仅想通过本书快速传导一种思维方式，让更多的人学会这种思维方式，并把这种思维方式运用到企业和个人的成长中。书中如有纰漏还希望读者谅解。

　　本书是我的视频讲座授课的录音整理而成，希望本书作为一个引子，吸引更多喜欢投行思维、运用投行逻辑行动的读者，一起来探讨学习和运用，未来让我有更充分的理论和实战案例。

▷▷▶ 目 录 ◀◁◁

第一章

钱袋子决定枪杆子
——霸主地位的幕后推动者

金融 "潜伏者"

谁才是看透了这个世界商业本质的人？

资源配置者。

谁才是资源配置者？

具备投行思维者、运用投行逻辑者。

政治家没钱，但可以利用权力，整合国家甚至全球的资源；资本家缺乏资源，却可以利用手中的资本，撬动资源，金权天下；企业家没有资金，但可以借助融资或支配他人的资源做大做强自己的企业。

从这个角度讲，是否拥有投行思维，决定了你能够支配多少资源，取得多大成就，拥有多大能量。

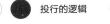

投行思维&"互联网+"思维

在"互联网+"这个词汇高频次出现在人们生活中的同时，"互联网+"思维似乎成了主导人们生活的遥控器。与前期的平台竞争截然不同的是，企业之间开始比拼规模和开放度，比拼业务层面，比拼企业生态系统，比拼物种的丰富度和依赖度，比拼用户体验，比拼资源配置的能力。

归根结底，企业在逐渐脱离传统的运营模式，开始不断尝试创新，而这一切，都要从高屋建瓴的角度去设计和操作，似乎仅仅用"互联网+"思维难以更全面、更立体、更高层面地掌握其内在本质。

那么，何为投行思维？

投行思维是一种多维度的商业智慧，其本质是基于对商业资本核心属性的极致洞察，将各种有形与无形资产的所有权及使用权、抵押权、租赁权、分红权等其他全部衍生的可支配的权益，进行深度的价值发现，挖掘其中被忽视或低估的价值洼地，并通过金融手段将资产的各种权益进行契约映射，使其转化为可高度流动的形态，以快速进行合约式及份额式的虚拟化交易，表现为卓越的商业模式重构与内外部资源重组的支配能力，并最终实现资产的高效增值与所有者权益的极度最大化。

说得直白些，投行思维就是通过对商业活动核心的本质洞察，在行业和产业链中，将有形和无形的资源重新配置，使所有的交易环节资源使用效率最大化，参与商业活动链条上各环节的利益分配最大化。

投行思维的核心应用表现在三个方面：

第一，把企业当产品来做。

第二，企业总资产回报率最大。

第三，货币使用效益最大化。

投行思维，一个让人觉得遥不可及、高大上的名词，然而，现实中我们无时无刻不在这只看不见的手的操纵下，分配着我们有限的资源、有限的空间、有限的时间和有限的收益。如果我们远离投行思维，就意味着我们放弃竞争，就意味着我们远离这个世界仅剩的资源，意味着我们被这个商业世界逐渐边缘化……

通常，具备投行思维、运用投行逻辑的人，往往可以将各种宏观资源引向最有配置效率的地方。但需要注意的是，拥有投行思维的人通常也是常人眼中的"精明者"，他们最擅长的事情是合理运用资源，以四两拨千斤之力，使商业活动各环节获得最大效益。投行思维打破企业思维界限，让企业家以更先进的思想、更宽阔的视野经营企业，帮助企业家以全局的视野，寻找包括营销、管理、商业模式在内的经营哲学，建立企业合理的生态系统，运用资本的力量，提高资源配置效率，降低风险，让企业实现高速增长。美国，就是在投行思维引领下迅速成长起来的最好的佐证。它是一个国家，更是一个成功运用投行思维的企业。

大国背后你不知道的秘密

　　以往的投行逻辑一直隐藏在商业深处，并不为人所熟知，但随着竞争逐渐趋于白热化，在如此复杂多变的市场环境中，投行逻辑开始逐渐浮出水面。

　　美国独霸天下的历史，就是投行逻辑的实践史。

　　美国崛起的背后究竟隐藏着什么？是438亿桶左右的石油储量？是200多次所参与的战争和对外军事活动？是最能代表金融和经济力量的华尔街？是增强美国信心的美元指数？是拥有1500家科技公司的硅谷？是比尔·盖茨、乔布斯的存在与创新？是乔治·华盛顿、亚伯拉罕·林肯、理查德·尼克松、乔治·布什、贝拉克·奥巴马的远见和引领？

　　如果这些都不足以代表真相，那么真正的力量来自何方？如果说《货币战争》让人们惊讶地发现世界货币的流通竟然控制在几个家族手中，那么美国的崛起则会让人们眼睛睁到最大，嘴巴张到最大，也不敢相信居然是因为一种思维模式——投行思维。

在美国，投行思维是一个神秘的存在，原因就在于华尔街的人宁可口口相传也不愿意将其以文字的形式展示在世人面前。

硅谷是一个不断创造奇迹的地方，并逐渐成为最尖端技术、最新信息的代名词，而躲在硅谷背后的"巨人"就是华尔街。华尔街对于大多数国家来说，是机会，也是噩梦。在很多人的眼中，华尔街就是"红颜祸水"，它的兴起促进了资本的流通，却也导致经济大萧条和金融危机。支撑华尔街促成这一切的"大腿"其实是"金权"，金权的幕后操纵者是谁？

是投资银行吗？有人说是，因为它们将经济变成游戏，破坏世界的金钱与金权平衡，而真相比臆想更残酷，金权套利的幕后操纵之手，是受人恭维的投行思维。正所谓，一切没有理论和思想支撑的商业行为，都不可能走到最后，华尔街也不例外。

金融先于一切

美国前国务卿马德琳·奥尔布赖特曾表达过自己的一个观点，他认为美国是世界上"不可或缺的国家"。

虽然众多国家的相继崛起削弱了美国的野心，虽然金融危机曾带给美国最为严重与惨烈的影响，但这些还都不足以撼动美国"世界霸主"的地位。

正如英国《金融时报》专栏作家菲利普·斯蒂芬斯的一篇文章所说："美国是比其他国家更加'自给自足的强国'。美国衰落主义被夸大了。未来数十年期间，美国仍将是首屈一指的强国，至少是大国俱乐部中的老大。"

一直以来，看似与普通人无关的金融，貌似已经脱离"高大上"的头衔，成功跻身平民阶层。但实际上，真正能够玩转金融，成为地地道道的资本运作高手的人或国家，并不多。

美国是最典型的一个。

支撑美国经济的有两个部门：美联储和美国财政部。国际金融学者宋鸿兵曾将罗斯柴尔德家族看作世界货币政策的幕后推动者，而美联储和美国财政部又何尝不是美国发展史上从 0 到 1 的"钱袋子"和"枪杆子"？

美国财政部，成立于 1789 年，主要职责包括：处理美国联邦的财政事务、征税、发行债券、偿付债务、监督通货发行、制定和建议有关经济、财政、税务及国库收入的政策、进行国际财务交易。

美联储，全名"美国联邦储备系统"，成立于 1914 年 11 月 16 日，主要职能包括：制定并负责实施有关的货币政策；对银行机构实行监管，并保护消费者合法的信贷权利；维持金融系统的稳定；向美国政府、公众、金融机构、外国机构等提供可靠的金融服务。

迄今为止，美国在全球经济中仍占有重要的主导地位，而美联储主席就相当于"世界中央银行"的行长。

美联储和财政部掌管着美国整个国家的经济命脉。他们熟练的资本运作和操控金融能力，得以让美国一直可以拥有雄厚的经济基础。不仅如此，对于美国由于长期实施"双赤字"政策导致国民储蓄几乎为零的问题，这两个部门的存在，使得美国依然能够保持无人能及的自信与高傲，以一副傲视群雄的姿态俯视世界。

美国雄厚的金融实力背后，是美国对资本的巧妙运作，是其具备的投行思维在起主导作用。

美国，是一个名副其实的投行思维运用高手。

鹬蚌相争，渔翁得利

我们不妨从美国的大国崛起历史进程中解读其运用投行思维暴打天下、独霸金权的思与行。

美国经历过独立战争与南北战争后，大大促进了自身在自由劳动制度下的工业化进程。虽然美国错过了第一次工业革命，却踩到了第二次工业革命的"点"，资本主义经济开始发生质的飞跃，在经济、科技、政治、军事等各个方面都奠定了发展的良好基础。

两次世界大战成为美国经济的转折点。它们所具备的混乱性、资源丰富性等特点，均成为美国运用投行思维进行资源配置最大化的跳板，极大地刺激了美国经济的发展。

第一次世界大战可谓是让世界各国走上了重新洗牌的边缘。对于欧洲国家来说，"一战"让其内耗殆尽；对于美国来说，却是彻底崛起、确立世界地位的节点。

第二次世界大战，各国同样面临烽火连天、狼烟四起的局面。欧亚大陆作为主战场，深受重创，各国经济支离破碎，只有美国例外。

美国并未受到战争的丝毫破坏，反倒利用本土得天独厚的发展环境，经济实力急剧上升，在全球建立了以美元为中心的国际金融体系。这一举措为美国的崛起注入了强有力的能量。

最值得一提的是，1944 年，美元地位的确立事件。1944 年，在美国新罕布什尔州的布雷顿森林召开了"联合国货币金融会议"，该会议确立了美元的特殊地位，让美元拥有了价值尺度、储蓄货币以及重要的国际流通手段等功能，使美元取得了世界金融体系的霸主地位。

尼克松当政期间，时任财政部长的康纳利曾说过这样一句话："美元是美国的货币，但美元问题是你们的问题。"美元是什么？是实实在在的资本，是巩固美国金融霸主地位坚不可摧的基石。在资本运作游戏中，每一次变动美元利率，都牵动着整个金融市场的中枢神经，只要美国动一动手指，各国的经济都会随之一颤——或前景一片大好，或遍地荆棘。

或许在当时，人们还不能十分透彻地理解这句话，但经过岁月的变迁，时代的洗礼，这句话得到了充分的验证。

第二次世界大战结束后，以美国为首的资本主义阵营与以苏联为首的社会主义阵营为了争夺世界霸权，展开了四十余年的斗争。在冷战期间，美国将投行思维运用到了极致。

美国以经济实力为依托，不仅联合其他国家增强自身经济金融实力，还在外交上孤立苏联，迫使苏联展开军备竞赛，从而拖垮苏联的经济，最终导致苏联解体。

1991 年苏联解体，冷战结束，美国彻底瓦解了两极格局，形成"一超多强"的局面，成为世界上唯一的超级强国，独霸天下。

无论世人对美国在战争中采取的一系列措施持有怎样的态度，无可否认的是，美国的确是运用投行思维，玩转资本的高手。

在资本市场中，投行思维是灵魂、枢纽和中心。透过美国的发展史，不难发现，在一定意义上，投行思维也是控制美国经济和金融实力的灵魂、枢纽、中心。

金权立于皇权之上

美国著名的银行家约翰·皮尔庞特·摩根有一句至理名言："用以推动历史的不是法律，而是金钱，只是金钱！"

这并非一个"金钱至上"的言论，却充分说明了金钱的重要性。经济基础决定上层建筑，对于一个国家而言，尤为如此。金权在一定程度上，甚至要强于皇权。

言外之意，皇权只是金权的外表和附庸，简直令人难以置信，却是每个人必须承认与接受的现实。

企业细胞的长袖善舞

现在，我们看看美国。虽然我们不能透过迷雾看清本质，探究投行思维在美国究竟以什么样的形式帮助其成就霸主地位，成就美国各大企业的巨大成就，但不得不承认，投行思维的存在与美国人民的"长袖善舞"，在促使美国奔跑在世界前沿这件事情上功不可没，由此，才能使美国体内的各个细胞都猛烈地跳动。

美国通用电气可谓是美国体内跳动最为"长情"的细胞。

1878年，爱迪生创建了爱迪生电灯公司。1892年约翰·皮尔庞特·摩根看到了电灯泡的机会，投资200万美元，经过资本运作，将汤姆·休斯顿公司与爱迪生通用电气公司合并，建立了通用电气公司，从此电气领域进入了一个全新的时代。

如今去查看道·琼斯工业指数，仍能看到通用电气。值得一提的是，通用电气是自1896年设立道·琼斯工业指数以来，唯一一家仍在指数榜上的公司。

苹果公司是美国体内跳动最为"神秘"的细胞。

苹果公司的"神秘"是对苹果粉而言。在大多数苹果粉眼中只有乔布斯，而对于迈克·马克库拉则一无所知。

迈克·马克库拉是苹果公司的第三位员工，是乔布斯的半个师父，也是苹果公司的第一位投资人，曾对苹果公司进行了91000美元的投资，并为苹果公司25万美元的贷款作担保。

之后，迈克·马克库拉投资的这笔钱，在1980年苹果发行第一批股票时，为其带来了2.03亿美元的价值，帮其换取了苹果公司30%的股权。

虽然，在苹果公司发展后期，迈克·马克库拉因与乔布斯在发展战略上有分歧而离开公司，但迈克·马克库拉的资本运作能力，以及对投行思维的运用能力，毫无疑问对苹果公司的成功起到不可磨灭的影响力。

脸谱是美国体内跳动最为"惊险"的细胞。

2004年，马克·扎克伯格创办了"脸谱"，但彼时马克·扎克伯格仍是一名在校大学生，没有充足的运作资金，四处求助却四处碰壁，时刻面临破产。

四面楚歌之际，传奇的硅谷企业家和风险投资家彼得·泰尔独具慧眼，对脸谱投放 50 万美元的天使投资。由此，脸谱才能稳坐全球网络社交的霸主地位，其如今的商业价值早已让同行望尘莫及。这样的丰功伟绩，彼得·泰尔的及时投资功不可没。

诸如此类在美国体内跳动的企业细胞，充分调动与激活了美国经济的生命力，将这些企业比喻为美国经济的巨大推手一点也不为过。但所有的金钱并非凭空产生，在资本市场上，一切的经济支撑都离不开"投行"这个特殊的组织。

美国无疑是幸运的。

美国是名副其实的投行王国，如果说美国金权的背后还有幕后黑手，那么一定是美国的四大投行——美林银行、花旗银行、摩根士丹利和高盛，它们控制着整个美国的经济命脉和金融关口，是支撑美国这面旗帜飘扬的旗杆。

四大投行已经将"雁过拔毛"的本事练到了炉火纯青的地步——善用投行思维，善于资本运作。也正因为这样，在四大投行的"辅佐"下，美国在金融资本世界中的"大王旗"，才能一直迎风飘扬。

美林银行

1914 年 1 月 7 日，美瑞尔在美国纽约市华尔街 7 号创办公司，开始了他的创业生涯。不久，美瑞尔的朋友林奇加入美瑞尔的公司，或许为了纪念彼此间的友谊，1915 年，美瑞尔将公司更名为"美林"。

美林银行除了经营传统的投资银行和经纪业务外，还提供基金、保险、信托、年金、清算等服务。全方位、多方面的资本运作策略，让美林逐渐在金融界占据一席之地，并获得"美国第三大投资银行"以及"世界最大证券经纪商"的美誉。

2008 年 9 月 15 日，美国银行以 500 亿美元总价收购了已有 94 年历史的美林银行。在当时不少业内人士看来，"美国最大个人银行和最大吸储机构"的美国银行和"美国第三大投资银行""世界最大证券经纪商"的美林银行"两家合并将催生一家全球银行业巨人"，即使当时已退休的美林银行首席执行官小约翰·梅德林也感叹道："在个人业务上银行收购最大券商当然具有历史性。"

事实的确如此，这次合并让美国经济如虎添翼。

二者的合并造就了一家业务范围更加广泛的银行巨头，信用卡、汽车贷款、债券和股票承销、并购咨询和资产管理……其服务范围几乎涉猎金融领域的每个角落。

花旗银行

花旗银行成立于 1812 年 6 月 16 日，前身为"纽约城市银行"，是花旗集团旗下的一家零售银行。经过两个多世纪的发展，花旗银行已然跻身美国最大银行名列，同时成为一家在全球一百五十多个国家和地区均设有分支机构的国际大银行。

花旗集团是全球公认的最成功的金融服务集团之一，不管是其在全球金融服务企业中领先的盈利和成长速度，还是它最深程度的全球化，都让一切更为名副其实。

尤其令人叹服的是，不论是在 1998 年亚洲金融危机中，还是在 2001 年的阿根廷金融危机和一系列的反恐战争等重大事件中，当全世界 1000 家大银行的盈利水平都在下降的情况下，花旗集团仍能以一定的涨幅有所增长。这充分显示了花旗银行卓越的抗风险能力。

美国杰出管理者桑迪·维尔曾说："不管你到世界任何一个地方，你都可能找到一家花旗银行的机构为你服务。"这句话不止意味着花旗银行的业务遍布全世界，也意味着美国的资本实力牢牢地驻扎在世界的各个角落。

摩根士丹利和高盛银行

1933年，经历了长达四年经济萧条的美国，出台了一部《格拉斯——斯蒂格尔法》法案。该法案有一条法律是"禁止公司同时提供商业银行与投资银行服务"。基于此，1935年9月5日，原本是JP摩根大通公司投资部门的摩根士丹利被作为投资银行在纽约成立，同时JP摩根大通公司进行内部调整，转型成为一家纯商业银行。

摩根士丹利，在财经界素有"大摩"之称，其业务范围囊括投资银行、证券、投资管理以及财富管理等方面，是一家全球领先的国际性金融服务公司。

高盛于1869年由德国移民美国的马库斯·戈德曼建立，是一家在全球范围内，历史最悠久且规模最大的投资银行之一。高盛银行主要是向全球提供广泛的投资、咨询以及金融服务，其客户涵盖私营企业、金融企业、政府机构以及个人，具有相当丰富的金融市场知识和国际资本运作能力。

2008年9月22日，对于美国金融行业乃至整个金融界而言，都是一个值得被铭记的日子。因为这一天美国的两大投行——摩根士丹利和高盛，被美联储正式批准转型成为银行控股公司。这意味着，一个新的金融市场秩序和金融投资理论在这一日被拉开序幕。

美联储批准摩根士丹利和高盛转型为银行控股公司的事情，对摩根士丹利和高盛而言，一方面意味着，它们将接受美联储等机构更加严厉的监管。

比如闻名的高盛"欺诈门"事件。2010年7月16日，美国证券交易委员会（SEC）状告高盛证券欺诈，指控它们误导、欺诈投资者。高盛作为美国四大投行之一，是美国执行经济发展战略、进行资本运作的打手，而美国却能对高盛痛下杀手，起诉高盛，说明了什么？

这说明美国政府一定要加强金融监管力度的决心，高盛撞在枪口上，美国政府当然要杀鸡儆猴。

或许这在一定程度上束缚了两大投行的发展，束缚了它们资本运作的步伐。但用一体两面的思维思考，更为严格的监管表象下也暗含着便利，摩根士丹利、高盛可以通过美联储银行贴现窗口进行新一轮的融资。它们能够永久获得向美联储紧急贷款的资格，从而大大降低资金流动的危险，反而能够促使摩根士丹利、高盛更好地运作资本，占据合并、收购的战略高地。

另一方面，这一措施改变了美国监管机制的职权架构。美联储几乎对美国所有的金融公司都拥有了监管权。

每一次成功的背后，绝对不是单个能量的聚集。这句话同样适用于美国的金融业。

如此介绍美国这个全球金融霸主地位的产生过程，目的就是为了让大家更加清楚地看到，钱、金融、资本在汩汩流动，在世界经济运行中发挥着巨大的作用，金权掌握世界的命脉，那么擅用金权的就是一种思维——投行思维。

【投行思维航标】

一个国家的经济实力与其崛起的时间往往并不成正比。

美国从成立到崛起，再到世界霸主，不过短短二百余年，但其无论是遭遇全球性经济危机，还是面临国民储备空虚，都能够将这些当作经济上升的台阶，金融实力大踏步前进。为什么？一方面是因为美国能够在"众人皆醉"的情况下保持独醒的状态，虽然行为不够磊落，但结果令人兴奋；另一方面是因为美国具备了寻找机会和开拓机会的投行思维，这是最重要的一点。

　　如果在美国这个霸主身上看到了投行思维的力量，那么在一无所有的岛国新加坡迅速崛起成为"亚洲四小龙"的历程中，更能真实地感受到一种思维的无穷魅力！

第二章

实现皇家特许的金融梦
——弹丸之地的异军突起

手心过肉，手背流油

如果说，美国霸主地位的建立，有它自身的历史原因和机遇，同时也见证了投行思维在其中所发挥的重大作用，那么新加坡，弹丸之地，毫无资源可言，甚至被马来政府所摒弃，其之后的异军突起，唯独能依靠的就是一种思想，一种思维模式——投行思维。

"新加坡没有腹地，这个世界就是我们的腹地。"新加坡"国父"李光耀如是说。

回首新加坡的一路风雨兼程，我们或多或少能够从中寻得到这句话来源的蛛丝马迹。

王权独立与经济崛起

新加坡的历史最早可以追溯到公元 3 世纪，在当时，新加坡被称为"蒲罗中"，寓意"半岛末端的岛屿"。公元 14 世纪,"新加坡"的称谓才传播开来。

此时的新加坡无意间卷入了暹罗(泰国旧称)与爪哇满者伯夷王国对马来半岛控制权的战争中。此后,新加坡便一直被视为马六甲王国的重要组成部分之一,并借助马六甲王国的势力循序渐进地发展。

这样的状态一直持续到 1819 年。1819 年,英国人选择新加坡作为其在马来半岛开设的贸易港口;同年 1 月 29 日,英国与柔佛的胡申苏丹和天猛公签订协议,将新加坡占为己有。1824 年,新加坡正式成为英国的殖民地。自此之后,新加坡又开始利用英国的各类社会资源,合理配置,发展经济,并从中获取自身发展的路径。

1941 年 12 月 8 日凌晨,当新加坡的人们还沉浸在梦乡中时,一场浩劫从天而降,日本飞机从空中向这座城市投射了一枚炸弹。1942 年 2 月 15 日,新加坡彻底沦陷,被日本占领。

新加坡是一个非常具有韧性的国家,在沦陷的三年半时间里,尽管要承受日本不断地打压,致使新加坡的经济发展极为缓慢,但其仍能"见缝插针"地利用日本的资源为自己的发展谋出路,致力于发展本国经济的决心依然强烈,所以新加坡能够屡屡"绝地逢生"。

第二次世界大战日本战败,新加坡再次回到英国的怀抱。1946 年,海峡殖民地解散,新加坡正式成为英国直属殖民地。安定下来的新加坡,亦步亦趋向前迈进。

1959 年新加坡获得自治权。

对于新加坡人而言,习惯了颠沛流离,且身处一无所有的困境,国家该如何实现自治?

时任新加坡州长的李光耀,十分迫切想要寻找一个时机,让新加坡能够有所依靠。

1963 年 9 月 16 日，马来西亚建国，成立马来西亚联邦政府，新加坡、北婆罗洲等看准时机申请加入该联邦政府。除文莱因其得天独厚的石油资源被拒绝外，其他国家都顺利通过。

这种状态仅仅维持了不足两年，1965 年，新加坡被无情地驱逐出马来西亚联邦政府。

这就是著名的"新马分家"。这个决定对踌躇满志、壮志豪情的李光耀而言，无疑是晴天霹雳，面对电视机镜头，李光耀眼含泪水地向国人宣布：新加坡独立。但这不是喜极而泣的热泪，而是痛彻心扉的绝望。

此时的新加坡街头却呈现出另一番景象：人们发自内心地欢呼着、高喊着，放鞭炮、欢唱，用各种愉悦的方式庆祝新加坡的独立。

李光耀在做什么？他在做最后的"挣扎"，他请求马来西亚联邦政府收回"成命"，让新加坡重新回到马来西亚联邦政府的庇佑下。

多么鲜明且诡异的对比！

国家独立，对于一个一直被"驱使"，始终被欺负的国家而言，难道不是苦尽甘来，时来运转的好事吗？李光耀何至于悲痛欲绝！

也许正如李光耀在《风雨独立路》中所说："新加坡是个小岛，退潮时，面积只有 214 平方英里，曾是英帝国在东南亚的心脏地带，所以繁荣发展起来。随着新马分家，它变成了一个没有躯体的心脏。"

新加坡是个国家，它的版图却只有半个北京城那么大，历年来一直生活在其他国家的庇佑下，兵力空虚，国力也不强，一旦发生战乱，新加坡随时面临灭国的威胁；而且新加坡本身没有任何自然资源，甚至没有水，它连最基本的基础经济发展也无从下手。

此时的新加坡人也许可以对突如其来的喜悦全盘接纳，作为一个国家的负责人，李光耀却心急如焚。

就像李光耀在《风雨独立路》中写的那样："前途是渺茫的。新加坡和马来西亚只隔着柔佛海峡，由新柔长堤连接起来。两地向来是由英国当作一个地区统治的。新加坡是英帝国的行政和商业中心。现在我们分了出来，一切都得靠自己。马来西亚政府正准备教训我们。他们可能不再让我们扮演传统的角色，继续成为他们出入口货物以及为他们提供种种服务的中心。所有新兴国家都在推行民族主义经济政策，一切都要自己干，直接同欧洲、美国和日本的主要买客和卖客打交道。在这样的世界里，新加坡没有腹地，就连我们的饮用水也来自柔佛州，该怎么生存下去？"

这个"小国羡慕，大国觊觎"的弹丸小国，将何去何从？

境遇虽然改变了，但一个国家的惯性思维不会随意改变。

一直以来小心翼翼，在别人羽翼下生活的新加坡，培养出的最重要的一种思维就是：借力打力的投行思维。它能够用最短的时间，利用身边一切可以利用的资源，合理配置，为自己谋福利、谋发展，这样的思维胜过千军万马。

因此，即使在资源严重匮乏，全国人民承受能力面临极限挑战的情况下，新加坡也能够迅速开始一连串的措施发展工业和经济。在之后的日子里，新加坡人的生活水平得到显著改善，整个新加坡在之后的短短数十年里，一跃成为"亚洲四小龙"之一。

新加坡如此快速的发展走势，几乎让全世界跌破眼镜。

历史就是这么具有戏剧性，前一秒你可能还在众人不屑一顾的眼神中艰难前行，后一秒就能强势回归，展示自己不容置疑的地位。这些并非偶然与运气，靠的是思维与努力。

分家后的新加坡，为了扭转经济萧条、失业率高、人们生活水平低的局面，几乎每十年就会进行一次经济转型。

从 20 世纪 60 年代的劳动密集型产业、70 年代的经济密集型产业、80 年代的资本密集型产业、90 年代的科技密集型产业，一直到 21 世纪初发展知识密集型产业，几十年的连续转型仿佛成为新加坡生存下去的唯一出路。

而新加坡转型成功的一个非常关键的因素，也是不容忽视的主要力量，就是其建立在投行思维下的商业模式——手心过肉、手背流油，即对内政府主导，对外招商引资。

政府主导

政府对一个国家经济的影响往往令人吃惊。

新加坡政府非常善于制定国民经济发展的战略目标，而且在制定发展战略目标时完全从自己的国情出发。因此，新加坡的发展方向始终不偏离轨道，十分明确最终的目的地。难怪人们会这样形容新加坡的发展战略：促使新加坡取得成功的，不是自由市场的"看不见的手"，而是"国家显而易见的手"。

新加坡政府干预经济能够取得成功可总结为以下几点：

1. 它采取的干预和调控方式是间接的而不是直接的。

例如，在产业结构进行调整的时候，政府一般会出台一系列税收、补贴政策，而不会以指令性规定直接干预，如此能更得人心。即使是今天，新加坡的此项政策，仍然让人赞不绝口。

2. 新加坡政府明白这样一个重要的道理：为国民建立相对公平的法律体制。公平的法律体制是政府工作的核心，也是维系国家发展，创造良好生活环境的保障。

3. 为了鼓励公民努力工作，报效国家，新加坡有一项规定：任何成年人只要踏入社会努力工作，均可以获得一套公家住房。此项政策十分诱人，它能够激励每个新加坡公民，都不遗余力，发愤图强，为国家发展竭尽所能。

4.新加坡政府的廉洁高效在全世界是非常知名的。建立一个廉洁高效的政府是所有国家和人民所渴望的。根据 2009 年国际反腐组织"透明国际"排名表，最廉洁国家中，新加坡排名第三。

引进外资

招商引资是新加坡转型成功的另一个重要因素，值得注意的是，引进外资就是投行思维中的资源配置。

许多发达国家的跨国企业和科技伙伴都在新加坡设立了分支机构，大约7000 多家，有的甚至还将总部设在了新加坡。新加坡政府曾对此做过一项统计，新加坡的 GDP（国民生产总值）中，大约有一半是由跨国公司创造的。

为什么发达国家的公司会入驻新加坡？这要归功于新加坡最初所做的努力。

新加坡有自己的经济发展局，专门负责向全球推销新加坡，招商引资，利用诱人的条件吸引大量外资公司。比如，新加坡能够提供完善的基础设施，专门针对不同行业制定不同的招商引资政策和计划，力求引进的外资越多越好。

甚至于，新加坡特意在美欧等世界各地常设招商引资机构，常年派驻市场人员对各国的知名企业进行调研，并派遣口才和管理能力优秀的工作人员到各国去做说客，说服投资者到新加坡投资。

由于当时东西方处于冷战状态，为了保护贸易，许多国家反对外来投资。此时，新加坡利用符合西方资本需要的招商引资政策打开国门，欢迎西方国家投资时，西方国家自然十分乐意落户新加坡。

于是，美国、英国、澳大利亚等发达国家的企业陆续来新加坡投资，由于对新加坡前景一致看好，跨国公司的金融性投资也非常大。

日后，很多人把新加坡招商引资这项政策看作是新加坡重生的一个里程碑事件。

无论是对内政府干预，还是对外招商引资，新加坡都在走一条不平凡的道路，用与众不同的思维在经济复苏的道路上屡出奇招，也正因为此，新加坡才能够走出困境，发生翻天覆地的变化，真正实现"浴火重生"。

一切源于伟大的思想

伟大的思想，往往能够成就巨大的财富。

正如美国思想家拉尔夫·沃尔多·爱默生所言："人类的全部历史都告诫有智慧的人，不要笃信时运，而应坚信思想。"

命途多舛的新加坡如果将未来押注在命运之神的眷顾上，恐怕在"新马分家"之后等不到成为"亚洲四小龙"之一，便成为被瓜分的那一个。

在新加坡首任总理李光耀所领导的新加坡政府的带领下，新加坡的经济得以迅速增长，在短短几十年的时间内，人均 GDP 就远超美国，被誉为经济史上的奇迹，成功的典范。

不仅如此，早在 1997 年亚洲金融危机后，新加坡便完成了"转口贸易"到"转口金融"的转变。随着"大资管"时代的到来，新加坡更是先人一步，成功上位，瞬间成为各个国家争相羡慕的"高富帅"，金融机构的资产管理规模仅次于瑞士，成功从"东方直布罗陀"变身为"东方瑞士"。

这一切皆源于其伟大的思维。

过往颠沛流离的历史造就了新加坡能够随时随地、每时每刻借力打力的投行思维，这种思维让新加坡不笃信命运，不依赖好运，也能创造一个国家的财富和奇迹。

这种投行思维，让与马来西亚文化、历史背景相同，但比马来西亚袖珍的新加坡，培植了一块能够五谷丰登的土地，养育它的子民。

这种投行思维，让新加坡从孤立无援的树苗长成枝繁叶茂的参天大树，不依附其他国家，也可以凭自身实力与世界对话。

这种投行思维，结束的不只是新加坡本身的一个旧时代，还开启了世界资源重新配置、话语权重新分配的新时代。

淡马锡：新加坡的资本怪兽

有人曾称，新加坡会变成一座"智慧岛"，某种意义上讲，这是对它独具一格管理思维的肯定。

在新加坡，投行思维渗透最深、涉及最广、历史最长的代表，大概是以"淡马锡模式"闻名世界的淡马锡公司了。

淡马锡控股公司是一个以另类形式存在的公司，它以私人的名义注册，却由国家财政部掌握着 100% 的股权。

1965 年"新马分家"之后，新加坡的国家主权与经济发展全部掌握在自己手中，当务之急便是发展经济，解决独立后的就业问题。于是，新加坡以政府为主导，开始了第一次转型：发展劳动密集型制造业。

20 世纪 70 年代，就业问题得以缓解，为了平衡发展经济，政府决定再一次经济转型：由劳动密集型转向资本密集型，重点发展高新科技产业。在这一阶段，新加坡利用其得天独厚的地理位置和环境，发展了石油业、电子产业和计算机产业。

至此，新加坡政府主办的企业（国联企业）越来越多，问题也随之产生。依赖政府而生的企业多半拥有惰性，不愿意在市场竞争中发展壮大，而是如"啃老族"一般，想靠着政府得过且过。新加坡的国联企业中，大多数如果离了政府的帮扶，就会失去支撑，成为"扶不起的阿斗"。

为了解决这个问题，新加坡政府决定成立一些政府机构，监督、管理这些国联企业，形成政企统一的稳定局面。即使如此，随着各类企业的发展越来越快，数量越来越多，政府的负担仍旧越来越重，难度也越来越大。于是，政府决定让政企分家，将政府的职能与企业的经营职能分开，合并一些国家管理机构。

但同时为了不影响企业的发展，新加坡政府于 1974 年 6 月，成立了淡马锡控股公司，由国家财政部（投资司）负责经营和管理事宜。公司的最初职能就是管理国家投入到各国联企业的资本。政府赋予它的宗旨是："通过有效的监督和商业性战略投资来培育世界级公司，从而为新加坡的经济发展做出贡献。"

淡马锡公司也的确是一直朝着这个方向发展。

从成立至今的"淡马锡模式"，为新加坡的经济发展做出了非常大的贡献，它的产值约占新加坡 GDP 总量的 13%，市值则几乎占据新加坡股票市场的半壁江山，这也就意味着，它主宰了整个新加坡的经济命脉。

20 世纪 70 年代后期，由于新加坡各类工业项目开始大肆发展，需要大量的资金支持，而国内诸多投资公司、小型借贷款公司无法满足这些大企业的要求，于是淡马锡公司开始正式以公司的形式接手这些项目。

20 世纪 80 年代初期，新加坡 GDP 进入平稳增长期，其经济发展也随之进入高速发展阶段，淡马锡以公司形式所进行的发展也得到一定的投资回报，并逐渐成为亚洲最大的主权财富基金之一，"淡马锡模式"开始成型。

淡马锡公司主要以客户为导向，针对中小微企业的贷款担保申请、审批、放贷、风险控制等情况，给予帮助，相当于一个中小型企业融资的"信贷工厂"。

"淡马锡模式"不断发展，截至 2019 年 3 月，淡马锡总资产约 3130 亿新元，其规模已与美国通用电气、德国西门子等旗鼓相当。

其旗下拥有 21 家大型直属企业，参股 500 多家公司，渗透到新加坡的金融、地产、能源等各个方面。淡马锡直接控制 20 多家公司的股权，又以金字塔似的组织结构控制着 2000 多家公司。

淡马锡公司的成就直接体现了新加坡利用投行思维所创造的非凡投资成就，甚至有人将淡马锡公司称为"资本怪兽"。

"繁忙"的国度

凡是到过新加坡的人，都能感受它与众不同的思维气息，这种思维气息不只通过投资公司的形式体现出来，更多地表现在新加坡的知识经济上。

知识经济，就是以知识为基础发展经济，在知识的基础上进行生产、销售等一系列活动。知识经济带来的便利之处，就是知识可以进行无限次复制，使生产可以持续发展。

新加坡第三任总理李显龙曾指明："我国（新加坡）作为缺乏天然资源的弹丸小国，从上世纪（20 世纪）70 年代起便已意识到打造知识经济是争取竞争优势的不二法门。"

所以，新加坡政府一直尽力推行并推进知识经济的发展。

新加坡政府不仅为科研机构提供特别丰厚的资金，而且为吸引世界顶尖人才到新加坡做了大量工作。新加坡打造了世界一流的教育体系，教育已成为新加坡最重要的产业之一。新加坡的教育设施堪称世界一流，即使是欧美国家也望尘莫及。

不仅是教育，新加坡还投入巨资打造了世界上最先进、最人性化的图书馆系统、电子政务系统以及互联网、旅游等产业。

不论发展何种产业，不论哪个国家，思维都是最重要的武器。因为正是思维的力量让新加坡得以风生水起，让它实现了"星岛晋级梦"。

苏州"拿下了"李光耀

新加坡有一个别称：狮城。

狮城的名字有一个美丽的传说，它的名字的梵文解释与"狮城"谐音，其国家象征也是漂亮的鱼尾狮。但是在这里我们不谈人文，只谈经济。谈完新加坡自身的金融实力和经济发展，我们还应该了解，新加坡的投行思维对于中国经济和中国企业的影响。

新加坡是"亚洲四小龙"之一，可谓亚洲的发达国家，其经济模式一直被认为是"国家资本主义"。经济发展一路飙升，金融实力不容小觑，据 2019 年全球金融中心指数（GFCI）的一份排名报告显示，新加坡已成为继纽约、伦敦、东京、上海之后的第五大国际金融中心，同时，新加坡还是世界贸易组织、英联邦以及亚洲太平洋经济合作组织成员经济体之一。

为什么苏州"拿下了"李光耀

学习与借鉴新加坡的投行思维办企业，最具代表性便是苏州工业园区，这是新加坡与中国合作的第一个项目，也是中国企业发展中第一个借鉴新加坡模式的企业。通过苏州工业园区，中国企业从新加坡身上学习到很多知识与经验，极大增强了中国企业对中国经济的促进作用。

新加坡素来与中国交好，尤其改革开放期间，两国经常互相访问，邓小平南方谈话之后，双方关系更为紧密。

为了与中国进一步确定亲密关系，新加坡写了一份合作协议书，表达了想与中国合作打造工业园区的想法。这份合作协议书得到中国认可后，新加坡便开始着手向中国内地投资企业的事宜。

苏州工业园区便在这样的历史背景下产生。

1992 年，距离党的十一届三中全会已经过去了 14 年。在这 14 年历程中，苏州虽然在乡镇经济方面取得了一些成绩，但仍旧需要寻找新的经济模式突破点。正值此时，新加坡也在寻找深层次的实验基地。

1992 年秋天，新加坡总理李光耀访问中国。

李光耀几乎考察了整个江苏省的城市。当时的江苏经济非常落后，全江苏省竟没有一辆拿得出手的贵宾车，接待李光耀的车是从上海租的。

李光耀首先考察的是无锡市。无锡市在工业发展上有悠久的历史，经济发展较为突出，因此被当作重点考察对象。但在考察后，李光耀并没有对无锡市表现出明显的投资兴趣，反而提出考察苏州的想法。

上有天堂下有苏杭。苏州作为一座园林式城市，有着古老的历史与传统文化，但经济并不发达。虽然李光耀提出的考察苏州要求令人不解，接待人员还是照办了。由于是临时提出考察苏州，李光耀在时间上并不是很充分，只有半天的考察时间。

当时的苏州市市长抓住机遇，不仅在半天的时间内见缝插针地向李光耀介绍了苏州的政治、经济、文化等各个方面的优势，而且对新加坡的历史和现状如数家珍，并且恳切地建议李光耀在苏州进行大规模投资。

李光耀听到苏州市长的建议，并没有第一时间拒绝，而是询问了很多细节方面的问题，在当时，这些问题都是非常尖锐的，但苏州市市长均给出了详细而又清晰的解答。

酒逢知己千杯少，话不投机半句多。李光耀和苏州市市长像多年的老朋友一样乐此不疲地交谈。最后因为时间原因，不得不终止话题。这时，苏州市市长心里已经有了底，李光耀被他说动了，已经有了来苏州投资的心思。

等到第二年，即1993年，新加坡方面传来消息，希望在苏州建立一个大规模的工业园区，得到中国政府的支持。1994年，中国和新加坡双方达成共识，并签订了《关于合作开发建设苏州工业园区的协议书》，之后，没多久，中国和新加坡合作的苏州工业园区正式成立。

在随后不到十年的时间里，苏州工业园区的经济总量已经超过了开发前苏州全市的水平，也就是说，他们用十年再造了一个新的苏州。

"青出于蓝"的光荣与梦想

前期建设苏州工业园区并不是件容易的事情，由于短期内无法获得巨大利润，很多私企根本不愿意进驻苏州工业园区。

李光耀一直强调，看问题要把眼光放远，不能只顾眼前利益。所以，正是他战略性的发展眼光，苏州工业园区有了大的方向与发展。

那么，苏州工业园区的建设着重点在哪儿呢？李光耀认为重点有两个：硬件和软件。

硬件建设，在于苏州工业园区作为一个项目，需要引进多少企业，需要多少投资，需要建设成怎样的规模；软件建设则是指新加坡的先进管理经验怎样与中国的具体国情相结合，怎样实施，才能将苏州工业园区建设成为中国的"新加坡"。

明确发展方向和建设着重点后，苏州工业园区进入了快速建设阶段。

经过十五年的发展，苏州工业园区形成了庞大的规模体系。

2009 年 5 月，李光耀到苏州参加苏州工业园区的 15 周年庆典时，用"青出于蓝"来形容苏州工业园区 15 年以来的发展和变化成果。李光耀说："即使老师再好，学生不好也是不行；而在中国，学生比老师更好。"

在《李光耀回忆录》中，李光耀对于苏州工业园区的建设，做出了这样的评价："我给苏州工业园区的建设成绩打 70 分，这是个相当高的分数。那里风景宜人，总体规划给人一种很新加坡式的感觉。"这说明苏州工业园区的发展超出了他的预期设想。

2014 年 6 月，苏州荣获"李光耀世界城市奖"，这是新加坡设立的一项国际性奖项，旨在奖励"以远见和创新思维进行城市规划和管理工作，解决城市环境挑战，并能以纵观全局的方式为不同社区带来社会、经济及环境效益的城市及其领导人和组织"。

苏州，成为继西班牙毕尔巴鄂市、美国纽约市之后全球第三个获奖的城市。

苏州工业园区借鉴新加坡的经验和理念取得的巨大成就，也证明了一件事：在建设苏州工业园区上，李光耀做出了正确的选择，中国做出了明智的选择，苏州做出了最为伟大的选择。

【投行思维航标】

无论是美国还是新加坡，无论是国家还是企业，无论是组织还是个人，其发展壮大的过程，必有一种思想作为支撑。

美国的霸主地位，靠的是投行思维，占领资源最顶层，把控资源所有权和配置权，由此意欲一统天下。

新加坡迅速崛起的法宝依然是投行思维，在没有资源的情况下，引入外方资源，合理配置资源，"无中生有"地建立了一个令世界刮目相看的国家。

中国，经济迅速崛起之际，很多人看到了机会，也学到了些许手段，然而却掉进了陷阱，我们的投行思维呢？

第三章

"挖金术"值得信赖吗？
——中国企业运作中的风险与误区

掌握自己命运的"馅饼"

从中国经济发展来看，经济发展要靠政府，也要靠企业，同时也要靠学习与借鉴。国家的经济发展需要将眼光放到更为长远的地方，企业的发展则不仅要将眼界放广阔，还要梳理自己的商业模式，更重要的是如何具备独到的眼光、敏锐的洞察力、快速的学习能力和对新事物的分辨能力。

不同的回答与选择

2020 年上半年，如果你在中国没有谈论过股市，没有关注过口罩概念、呼吸机概念股票，你就 OUT（落后）了。

进入 2020 年，世界股市的波澜不惊被愈演愈烈的新冠肺炎疫情打破。随着疫情在中国的发展，口罩成为人们的日常生活必备品，从原材料、生产设备到成品，价格一路攀升，反映到股市就是口罩概念股票屡屡涨停，多支医疗领域股票价格迅速翻番，如道恩股份的股票从不到 12 元，在一个多月时间内上涨到 62 元，涨幅近 400%。在众人居家为国做贡献的时期，股市新开户数明显增加，很多人进入股市，几乎随便买一支口罩概念、医疗类股票都能赚上一笔。

这是"进者为王"的阶段。无论你是学生还是职员，无论你是农民还是企业家，无论你是蓝领还是金领，简而言之，无论你是男人还是女人，进入股市买到这类股票都能获得正收益。

在相关调查中我们不难发现，新增的投资者中，约有 70% 的投资者没有读过大学，甚至有一些投资者依靠借来的钱炒股。当赚钱效应极其明显时，人们的贪婪战胜了对风险的恐惧。

可喜的是 2020 年口罩、医疗股票的这波行情没有让他们失望，可悲的是庞大的投资者队伍中理性观察股市的人并不多。非理性导致的盲目追逐利润的投资者在不断增多，高烧市场带来的主观情绪，使大家永远期盼能够以最小的付出获取最大的命运改变，途径就是希望股票再涨、继续涨、持续涨。

结果就是，股市泡沫的破灭就好像一个严厉的家长，狠狠地打了投资者一记耳光。由于投资者对日益蔓延的新冠病毒和全球油价的暴跌带来的经济影响的担忧，国际市场的股市出现了史无前例的暴跌。

2020 年 3 月 9 日，投资者见证美股史上第二次熔断。

2020 年 3 月 12 日，投资者见证美股史上第三次熔断。

2020 年 3 月 16 日，投资者见证美股史上第四次熔断。

2020 年 3 月 19 日，投资者见证美股史上第四次熔断。

十天四熔断、连续三个交易日平均波动超过 9%、2008 年金融危机以后最大周跌幅……各项历史记录被刷新，就连见惯了大风大浪的"股神"巴菲特这次也被惊呆了。

其他国家的股市也没有幸免，各国暴跌不断上演。

中国股市在这波行情中相对比较坚挺，虽然也有下跌，但跌幅没有美股那么大。人们好像对中国股市信心满满，对外部市场的大跌津津乐道。然而，这只是表象，中国经济作为世界经济的重要组成部分，与其他国家的经济联系日益密切，外部环境的恶化必然引起连锁反应，中国经济难以独善其身，终究会受到影响。中国股市也在相对小的幅度内不断下跌，尤其是前期暴涨的个股，受国内政策、国际局势等多方因素影响，开始了下调走势。这就造成了前期一大批追高的投资者被深度套牢，损失惨重，30%、50%的损失并不鲜见。

这些数字代表了什么？这是"剩者为王"的阶段，但评价的标准不是看谁剩余的盈利比较多，而是看谁剩余的本金比较多。

股市"过山车式"的大涨大跌，就好像带着浓重血腥味的利刃刺痛了股市的各方参与者。尘埃落定后，非理性对待过热的股市，非理性面对泡沫的破灭，无疑是最值得反思和造成"跳楼自杀"等悲剧的真正原因。

天上真的会掉馅饼吗？理性者的回答是"命运自己掌握"，非理性者的选择是"让不确定因素做决定"。股市"过山车式"的涨跌已经验证了这一点，中国企业运作过程中又何尝不能对号入座。

理性对待，辩证取舍

由此，我想到一家投资公司的案例。

这家公司正是抓住了人性"投机取巧、一夜暴富"的弱点，诱导人们盲目追逐利润，让主观愿望和情绪作主，削弱了对事物的理性判断，在资本膨胀速度过快、企业规模扩张速度过快的时候，对风险没有足够的意识。

这家公司的老板曾经是国内培训行业中的领军人物，培训课程也受到众人的追捧。从其每月举办的课程规模可见一斑，每月 10 期左右，每期学员人数 1000 余人，每期每个学员收取费用 8 万元。8 万元一期培训课程，究竟隐藏着什么奥秘？该公司老板经常讲述这样一个故事，主人公是他本人，最让人心动的故事情节是，他曾经是一个草根，辛辛苦苦积攒了 50 万元，四方筹借了 50 万元，最终用 100 万元作为杠杆在一个月的时间内成功翘起（收购）了一家资产超过 6 亿元的房地产公司。

赤裸裸的财富打劫故事中包含了看似真实的人物、情节、时间、地点，有多少人能够抵抗被洗脑？又有多少人能够继续保持理性？尤其是亟待找到企业破冰之路的企业管理者，谁不想一试？

然而，当这家公司被众多企业管理者寄予厚望的时候，却突然倒闭破产了。

不甘的学员穷追不舍，他们不愿意放弃最后的一根"救命稻草"，但法律的结果让他们最终看到的是：一个带着伪善面具示人的培训老师，一套利用冠冕堂皇的言语蛊惑人心的培训体系，一个精心设计的圈钱"陷阱"。

我也详细研究过这个企业的课程，课程内容的表象是"滚雪球"，即如何将 100 万元变成 1 个亿，然而，这仅仅是一个噱头，利用学员非理性的大脑忽视资本运作中的风险。

这套培训体系的神奇之处就在于说服企业抱团发展，比如 7 个人一组，相互签订借款合同，彼此之间进行资金周转的游戏。

举例，该投资公司给 B 公司 100 万元，B 公司随后将 100 万元转给 C 公司，C 公司打给 D 公司，D 公司最后再转给该公司。资金在这几个公司里面进行空转，企业的流水账单便会水涨船高，随后，凭借假流水账单便可获得银行贷款。

问题是，难道银行会轻易同意这笔贷款吗？

虽然银行在信用审核环节比较严格，但是仍有例外。例如，银行工作人员渴望得到审核通过后的奖金等因素，往往能降低信用审核环节的审核力度，使利用假流水账单的企业顺利获得贷款。

尽管该投资公司布下的局天衣无缝，但是在经营过程中，该公司仍存在着两个巨大的漏洞。

一是偷税漏税。有流水账单，也就意味着一定会有营业额，必然需要上缴营业税。显然，假流水账单所对应的是偷税漏税，结果必然需要承担一定的法律责任。

二是骗贷。在企业实际经营过程中，贷款通常属于贸易贷，即企业贷款的用途或是投资，或是购买设备，以推动企业正常运营，并且通过运作实现经济效益最大化，最终还本付息。在运作过程中一旦出现问题，企业未能及时还钱，银行通常会向法院上诉，追究其刑事责任。而该投资公司教导企业所采取的一切行为，都是触犯法律的行为，属于骗贷。

这也是为什么这家投资公司好景不长的真实原因。

企业运作是系统工程，牵一发而动全身。企业经营者无论学习哪种方法和经验，本意是对企业进行转型升级，但前提是理性看待需要接受的事物，辩证取舍。对此，尽管有人明白其中的利害关系，仍不以为然："不过就是倾家荡产，身无分文。"

非理性运作企业的结果，资产所有权的丧失是必然，但更为严重的是丧失信用。银行的信用调查体系已经变革，任何一家企业或个人，一旦在任何一家银行留下哪怕一丝不良信用记录，所有银行将不会再接受其以任何形式提出的贷款行为。

"过山车式"的股市让人们深刻认识到了理性的重要性，对于企业运作来说，无知和弱小同样不是生存和发展的障碍，尤其是对于资本杠杆运作来说，非理性才是最大的危机。

年赚 20 万元的师傅与年赚 2000 万元的徒弟

《福布斯》发布的 2020 全球亿万富豪榜显示，亚马逊的杰夫·贝索斯以 1130 亿美元财富排名全球第一，比尔·盖茨以 980 亿美元财富排名全球第二，伯纳德·阿尔诺及家族以 760 亿美元的财富排名全球第三。中国，马云以 388 亿美元财富位居全球第 17 名，马化腾以 381 亿美元财富位居全球第 20 名，李兆基以 281 亿美元财富位居全球第 26 名，近 500 个人物及家族上榜。

虽然马云、马化腾、李兆基没有排进全球亿万富豪榜的前三名，但我们同样需要思考一个问题，为什么中国几千万家企业中，只有他们能够上榜全球富豪榜？

中国企业家的罪与罚

反观中国企业近几年的发展与运作，与全球富豪榜关键词"财富"和"上榜"

形成鲜明对比的是"落马"与"犯罪"。

根据《企业家刑事风险分析报告 2014—2018》和《企业家腐败犯罪报告 2014—2018》，在 2014—2018 的五个统计年度，企业家犯罪案件总计分别为：902 件、793 件、1458 件、2319 件、2222 件；与之相对应的涉案企业家人数分别为：1099 人、921 人、1827 人、2292 人、2773 人，体量上整体呈现递增态势。民营企业家的犯罪次数与国有企业家犯罪次数比例约为 8∶1，民营企业家触犯频次最高的五大罪名依次为：非法吸收公众存款罪（1494 次，19.71%）、虚开增值税专用发票罪（955 次，12.60%）、职务侵占罪（744 次，9.82%）、合同诈骗罪（520 次，6.86%）以及单位行贿罪（488 次，6.44%），占五年来民营企业家犯罪频次总数的 50% 以上。

为什么民营企业家的犯罪次数要远远高于国有企业家？

"金融企业家犯罪的罪名很多，其中最常出现的罪名是非法吸收公众存款罪和集资诈骗罪。通过法院审理的情况来看，这两个罪名占了金融犯罪的 70% 以上。"北京汉衡律师事务所主任胡献旁认为，"一方面，企业家必须了解国家政策的趋势。如果不了解行业政策，如果与行业政策相违背，就会带来很大的风险。另一方面，要加强企业制度上的管理。有些企业在规模升级之后，相应的管理并没有随之升级，这就导致了制度监管的不到位。"

事实上，归根结底是因为中国企业家缺乏金融法律知识。也就是说，中国的企业家面临转型时，最重要的就是：一要懂得金融风险并学会规避风险；二要学会基本的资本运作方法，懂得运用资本赚钱；三要知道金融成本，以最小的投入产出最大的效益。

于是，在中国出现了一个非常有趣的现象：年薪 20 万元的银行职员可以成为年赚 2000 万元的企业家的师傅。因为财商教育在中国是空白的，中国很多企业家只知道赚钱，却由于缺乏金融方面的常识，不会进行资产管理。

比如，一家企业老板可以年赚 2000 万元，却不知道企业在从事金融活动时，由于汇率、利率、金融资产价格及商品价格在一定时期内可能会偏离预期值，最终便会为企业造成严重损失。

金融知识是企业盈利根基

究竟什么是理财？

举个例子，基于"望子成龙，望女成凤"的传统家教观念，如今很多父母在子女的教育方面可谓绞尽脑汁，恨不得为子女创造最好的生活和教育环境，吃、穿、住、用、行无一不是最好的。

选择学校也不例外。幼儿园要读第一幼儿园，小学要读第一小学……有的父母甚至将子女送到国外接受教育。假设，出国留学接受三年高等教育需要费用 80 万元，一旦未来人民币贬值、学费上涨，将来出国留学可能需要 110 万元。

此时，如果 29 岁的刘先生想为刚出生的孩子做一次人生规划，他便可以选择缴纳 10 年的子女教育金，每年交费 10 万元。而他能够获得的利益为：交费的第 5 年和第 10 年可以得到 5 万元特别奖金，孩子 7 岁上小学和 12 岁上中学可以选择每年领取 2 万元，18~21 岁上大学可以选择每年领取 5 万元，到孩子 28 岁可以选择领取创业金 150 万元左右并终止合同。

这个过程就是理财。值得一提的是，理财不是简单的获得投资回报。在我看来，理财要达到增值、保值的目的，是为解决某个问题，正确运用自身资源的过程。

与理财不同的是，投资关注的是投资回报，是使用当前资源获取未来收益的做法。

当今社会，人们很容易将投资与理财混淆，常常以为投资和理财都等同于赚钱，不明白投资和理财的本质区别，进而产生的现象是，月薪不到一万的职员教月薪一百万的老板做投资，教他们如何赚钱。

之所以产生此种现象是因为许多成功的企业家缺乏资本常识和资本运作能力，一旦涉及金融，便力不从心，也就成为徒弟。

诚然，很多基金公司都可以成为企业老板的师傅，但中国的经济能够快速运转，企业能够持续发展，需要更多的企业管理者了解财商。我们必须明白真正的财富包括信用、杠杆、资产的交易标准、正确的投资组合、有效的风险控制等，现金流既不是钱，也不等同于财富。

如果说创业是条不归路的话，那么企业家要学习的最重要的一门课程就是资产管理。

加杠杆容易，能去杠杆才是真本事

公元前 287 年，在希腊西西里岛叙拉古附近的一个小村庄，一个与叙拉古的赫农王（King Hieron）有着亲戚关系的小男孩诞生了。

即使如此，他的一生仍饱受坎坷：出身贵族，却生长在新旧势力交替的时代；在被誉为"智慧之都"的亚历山大城求学，却生活在保卫国土的烽火狼烟中。

护国的责任感促使他奋起抗敌，并绞尽脑汁夜以继日发明御敌武器。

一天，国王在陆地上造了一艘又大又重的船，却被如何将这一"庞然大物"放进海中困扰住了。他得知此事后，设计了一套精巧的滑车和杠杆，吩咐工匠安装在船的前后左右，并在船的前面拴上一根绳子，绳子的一端交给国王。只见国王轻轻地牵动这根绳子，大船便被缓缓移到海中。

这正是"杠杆原理"，而这个人正是我们所熟知的伟大物理学家阿基米德。

时过境迁，杠杆原理已经脱离了战争，走进了生活，尤其在资金运作方面，杠杆犹如一个乘号，可以达到快速放大资本的效果。无论最终的结果是收益还是损失，都会以一个固定的比例增加或减少 5 倍，10 倍，甚至 100 倍。

杠杆给人留下的最深的印象是方便省力。如今，在市场竞争以及企业运作过程中，常常会有人通过加杠杆的手段，实现四两拨千斤的目的。

加杠杆之利

金融领域的杠杆有千万种，且形式多样。其中利用信用杠杆办理多张信用卡，进而"卡卡借力"属于常见现象。

有些人拥有一张信用卡之后，便开始通过各种手段提高信用额度，比如将已有的信用卡套现出来的现金存入其他银行，从而提高在其他银行的信用额度，进而再办理多张信用卡。如果一张信用卡透支 10 万元，十张信用卡就是 100 万元，这样一来，不费吹灰之力，便能拥有万贯家财。

在企业资本运作过程中，加杠杆主要体现在抵押资产抑或股权质押，从而在市场募得资金，进而扩大自身规模。

海航（海南航空）的发展是加杠杆比较典型的案例。海航的发展史，从某种程度上来说就是不断加杠杆的过程。发展之初，海航既没有"软件（技术）"，也没有"硬件（飞机）"，但是时任海航总裁的陈峰没有绝望。他首先将海航进行股权化，然后通过法人股募资获得上亿元资金，顺利购得了属于海航的第一架飞机。

这架飞机或许在普通人眼中只能通过航运为海航带来利润，但陈峰却利用它撬动了更多的资金，成为海航抵押贷款时的固定资产。

与海航购机进行合作的巴西航空工业公司中国区副总裁郭青曾这样形容过海

航与陈峰："陈峰是极善于资本运作的，以航空业为例，其先是融资大批量购买飞机，而后再通过抵押飞机融资，再购买飞机，然后再进行抵押。从飞机延伸开来，海航旗下的酒店、土地、股权均成为集团的融资杠杆。海航大规模扩张并购，然后用并购的资产再融资，再扩张，这一模式，海航屡试不爽。"

加杠杆之弊

显然，加杠杆对企业的经营运作起到了强有力的推动作用。但是，我们仍需明白一个道理，运作企业过程中，加杠杆容易，能去杠杆才是真本事。

道理很简单，但事实告诉我们，能够做到的没有几个。

以某家平台机构为例。

这家平台在全国一线城市、二线城市都建立了自己的分公司，为金融机构和投资者搭建便于沟通的桥梁，力求满足不同行业人士的需求。

虽然这个平台的规模令人叹为观止，但它的运作方式却存在着巨大的风险。

该平台有一个主题，要求投资者用家庭资产进行杠杆借款。借款的方式有两种，一种是银行贷款，一种是民间贷款。

第一种，从银行借款，然后利用"投机取巧"的行为，从中间获利。

以炒房为例。该平台让投资者以团购的形式买进房产，然后再将团购的房子进行银行抵押，以从中获得更高价值的贷款。

比如，用100万元团购得到的房子，进行抵押后，有可能获取300万元银行贷款，然后每个月还贷，剩余的钱便是自己利用炒房所获得的纯收益，保守估计也会有100万元收益。然后，这些人再将所得的全部纯收益，进行下一轮房屋团购，周而复始。

第二种，民间贷款。

通常，民间借贷的利息为三分左右，也就是说企业一旦进行民间借贷，其资产的升值空间必须大于或等于30%，否则公司将面临入不敷出的局面。

无论以哪种方式进行贷款，投资者都要承受一定的风险。

尽管通过加杠杆，投资者可以顺利地将一套房子抵押再购买另一套，把赚到的一部分资金套现，再把本金收回来，支付利息。正如该平台的一名学员所言："先是借钱购买豪宅或豪车，凭此作为资产在银行不断放大杠杆，获得贷款，然后继续杠杆运作，继续获取资金。"

但是，市场永远处于飘摇动荡的状态之中，一旦房价下跌，房子就会被套住，而一旦被套住，房子便丧失了盈利的能力，而等待投资者的唯一结局便是一个人慢慢品尝"一夜回到解放前"的滋味。

另外，据数据显示，该平台各项基金及资金总额约在900亿元左右，一旦这种高杠杆下的现金流出现断裂，该平台将面临全面崩盘的结局。无论是在资本市场上利用杠杆进行融资还是投资，都要看清其两面性。杠杆是名副其实的"双刃剑"，可伤人也可伤己。

去杠杆等于去风险

财务杠杆利益越大，企业资产负债率就会越高，财务风险也就越大。一旦资金链断裂，我们可能一无所获，鸡飞蛋打。

相对于加杠杆，能够去杠杆方能彰显真正的资本运作能力。

中国银行保险监督管理委员会副主席王兆星在出席"清华五道口全球金融论坛"时，曾针对加杠杆的利弊提出了明确的看法，他认为："在现代经济中，金融杠杆可以大有作为；金融杠杆必须运用适度才能够远离危机；不论对金融宏观调控者还是对金融监管者来讲，往往最难的也就是如何把握、如何控制金融杠杆的最佳水平，这也是我们宏观经济的管理者和金融监管者所面临的最大挑战。"

这段话阐述得非常精彩，也体现出能去杠杆才是真本事。通常，我们可以通过构建合理有效的资本结构、采取低资产负债率理念、秉持合理的经营策略，使财务杠杆利益抵消风险增大所带来的不利影响。

加杠杆可以翻天覆地地改变企业的经营状况，也能够为企业招来灭顶之灾。所以，即使企业在荣耀、辉煌的日子里，也要对所加的杠杆保持警醒的意识，毕竟加杠杆容易，去杠杆才是考验企业经营的真本事。

企业上市的误区

商业环境总是让人捉摸不透，资本市场上一次次血淋淋的教训，无不是在告诫大家上市有风险，融资需谨慎。

从长远角度讲，企业上市是融资手段而不是企业的终极目的。也就是说，企业上市的真正目的应该是：加快企业变成受社会关注的公众公司的脚步，提高企业把握更好发展机遇的能力，获得更多的发展机会和社会资源，最终使企业实现规范化、科学化、合理化的管理与运营。

过度融资

企业如果没有思考清楚上市的真正目的，往往会轻而易举地踏进上市融资的误区，导致企业万劫不复。

过度融资俗称"圈钱"，主要表现为两类：一类是超过企业实际承受能力的融资；另一类是超过企业实际需求的融资。无论是哪种形式的过度融资，带给企业的都不是喜讯，而是噩耗。

过度融资与公司价值最大化的目标背道而驰。过度融资会影响总股本、股东权益、累计募集资金、主营业务收入和主营业务利润等指标，公司盈利能力将会出现明显的下降趋势。

从信息对称角度来说，上市公司获得了投资者的大量资金，需要向投资者披露资金的去向。但由于大量资金被闲置或被挪用，投资者得不到匹配的资金信息，上市公司的信誉度会大打折扣。当一个公司在诚信方面站不住脚的时候，无论是市场扩张能力还是经营业绩都会不可避免地出现滑坡现象。

过度融资与公司成本最小化的目标南辕北辙。上市公司从投资者手中拿到的资金是有成本的，融资额度越大，所需要支付的回报就越多，公司相对所需要承担的资金成本也就越高。

错误的上市时机与地点

其实，想要把企业做大做好做强，上市并非唯一的选择。华为的成功便为我们开辟了一条新的企业成长之路。华为创始人任正非曾明确表示，华为不会上市。但是不上市却成就了华为别样的成功。

用任正非的话说就是："股东总是很贪婪，他们希望尽可能快地榨干一家公司的每一滴利润，而拥有这家公司的人则不会那么贪婪。我们之所以能超越同业竞争对手，原因之一就是没有上市。"

但是多数的企业家对资本上市运作完全是无知的，喜欢闻风而动，将个人虚荣心加之于企业之上，看见别家的企业上了主板、创业板或者新三板，自家的企业也要找一个板上了再说。选择了错误的时机和地点上市，无异于把企业推向了不归之路。

广东一家企业曾经犯下这样的错误。企业老总认为在海外上市他的企业将会很有面子，因此选择了新加坡上市。新加坡的金融制度和管理都是非常严苛的，而且市场容量那么小，后果就是股价最高只能达到 0.9 元人民币。其上市的虚荣心倒是满足了，而融资目的不仅没有达到，还要倒贴。这就是典型的得不偿失，偷鸡不成蚀把米。

选择错误的上市地点，无论是企业品牌还是企业产品都得不到良好的推广传播。如果"娃哈哈"选择在美国上市，美国人民会像中国股民这样热爱它吗？会对"娃哈哈"有这样的价值认同吗？

另外，上市时机不单指对资本市场走势、行情有把握，要规避重大节假日（如国庆节、劳动节、寒暑假），还要符合资本市场的法律和规律。

阿里巴巴的第一上市地点选择是香港，最终为什么会在美国如愿以偿？在阿里巴巴 IPO 香港路演现场，马云道出了其中的奥秘："不是香港错过了阿里，而是阿里选择了错误的时机，因此错过了香港。"

试想，如果不是因为阿里巴巴选择了错误的时机，在其合伙人制度不符合港交所相关规则的情况下硬性上市，结果会是怎样？

过度包装与作假

除此之外，很多企业在上市融资过程中还会触犯另一个"天条"，即过度包装。

某女装品牌曾在其招股书中写道：该品牌在所有女装品牌中，位居"消费者最喜爱女装品牌"的第六名，高于 DIOR（迪奥）、GIVENCHY（纪梵希）、LV 等国际知名品牌，并以此推定该品牌在国内品牌中排名是最靠前的。

该女装品牌的老板更是为了让募集资金的用途充满说服力，不惜信口雌黄，声称要花费六千万元购买某设备和软件，从而提高企业扩大市场的成功率。

暂且不说其招股书中引用的一组排名数据，引发了多少消费者、投资者和分析师的关注与质疑，仅仅是其募集资金的用途就很难让人信服。正是如此，该女装品牌最终终止发审。

企业进行包装是为了让外人看到企业具有卓越的竞争力，具有广阔的发展前景，从而吸引股民购买股票，以便融得更多资金。同时，企业进行包装后，通过审核的概率将被放大，方便上市。

然而，包装不等同于作假，如果企业不能实事求是，而是过度夸大、名不副实，纸终究是包不住火的，迟早会东窗事发。

此外，一些企业为了成功上市融资，不惜一切代价粉饰财务报表，甚至不惜触犯法律——造假财务报表，使得财务数据脱离企业真实的经营情况。虽然这样做一时可以瞒天过海，但做不到一世风平浪静，当真相被曝光的那一刻，企业命运便可想而知了。

企业上市，就像将原来不为外人知晓的一棵树苗，放在了阳光下，接受风吹雨打，接受市场检验，接受法律考量，一切的一切，都一览无余。因此企业IPO的过程中，或爱慕虚荣，或弄虚作假，或言过其实，都是自取其辱、自取灭亡。企业想要长远发展就要正视企业所具有的优势与劣势，合理利用政策与资源，走出上市融资的误区，这样才能使企业茁壮成长。

【投行思维航标】

企业经营与运作是系统化工程，牵一发而动全身。

是找对杠杆，理性运作，成就企业转型升级，还是自我膨胀，自欺欺人，使企业走上穷途末路？最为关键的在于企业是否能够规避风险，绕过误区，寻找适合企业的商业模式，实现四两拨千斤的杠杆奇迹。

那么，究竟谁能拯救企业？投行思维肩负难以推卸的使命。

以哲学理论为基础，是事物长久存在的关键，投行思维也不例外。

第四章

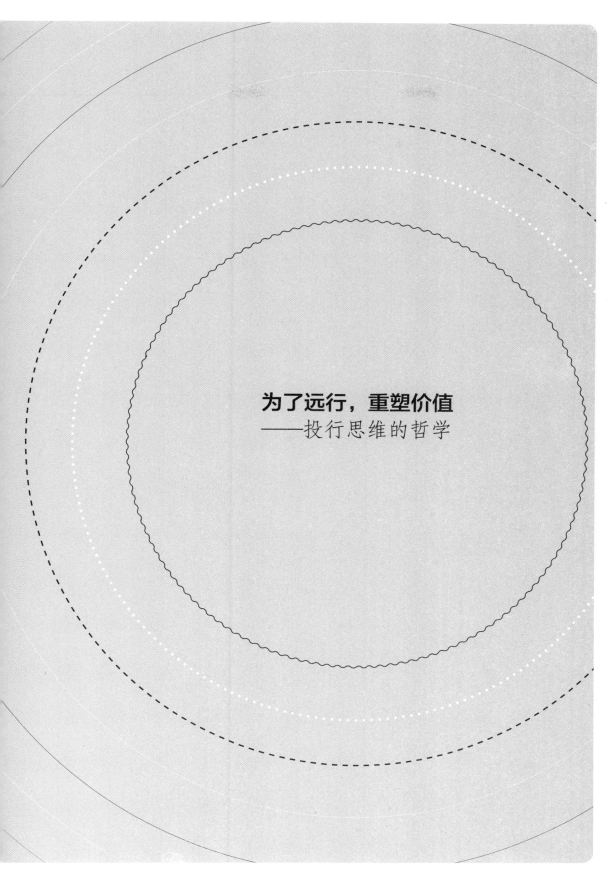

为了远行，重塑价值
——投行思维的哲学

一个前提：企业价值的生成逻辑

"自我颠覆式"商业传奇，其实每个企业家都可以做到，只要敢于突破陈旧思维的框架，从"脑"投资，从"投"管理，率先改变游戏规则，成为制定规则的人，就能成为业界强手。

然而，不少经营者往往会走入思想误区，将做生意与做企业混为一谈，多元化与专业化纠缠不清，致使企业在扩张与萎靡之间摇摆不定。同时，由于缺乏准确的成本分析方法，企业的选择只是在资源表面充实的情况下，沿着过去成功的道路持续扩大自己的业务，而这样做的唯一结局就是导致企业走向失败。

因此，以投行思维做企业，重建商业模式进行资源配置与重组，从而实现企业价值最大化很关键。但在注重业务体系重组时，需要对企业家及管理者进行现代经营理念的革新，进行思维、方法、工具、资源的系统性重构。

基于企业"创新商业模式"的理念，本人联合了国内的一些顶级投资、营销、金融专家，创立了"投资＋创业＋学习"的系统金三角模式，成立了广州磐丰投资管理有限公司。

这是国内第一个通过众筹组建成的天使投资服务机构。其最重要目的就是做中国最高效的创业加速器，为企业及企业家提供战略规划、顶层设计、创新商业模式设计、资本运营、上市筹划和资产配置等一系列服务。

磐丰投资的核心价值观是"平等、创新、颠覆、共赢"，核心理论是"互联网思维做企业、金融思维做企业、泛资产思维做企业"，旨在用投行思维为企业打造具有高成长性的项目，帮助企业能够与资本市场快速对接，最终打造高价值企业，实现双方互利共赢。

因为企业价值是商业模式创新的直观体现——价值发现、价值创造、价值放大、价值优化实现企业的"价值潜力"。这也是投行思维价值生成逻辑。

图 4-1　投行思维价值生成逻辑

价值发现

一般情况下，企业会通过种种方法，探测和挖掘寻找投资市场没有显现出来或者未完全映射出的潜在价值。经营者以活在未来的视角，挖掘潜在价值，便可成为企业的价值发现者与挖掘者。

在互联网开始之初，马云便从中发现了价值，组织团队建立淘宝网，成立阿里巴巴集团。在互联网普及的时代，阿里巴巴集团一度壮大，将马云推上中国首富的宝座。

周鸿祎看到传统杀毒软件存在的弊端，用全新的角度看待软件市场。随后，360 杀毒软件如同一只"黑天鹅"，改变了传统杀毒模式，实施免费安装，不仅激发了市场竞争活力，而且建立了全新的市场规则，获得了不错的市场反响与口碑。

资本市场从来不差钱，而是缺少价值发现者。

山东某公司，原来主要以生产食用酒精、玉米胚芽以及各种饲料为主，由于该公司总裁发现除了生产食用酒精、玉米胚芽之外，通过玉米胚芽提炼技术，可将胚芽制成玉米油，面向市场销售，是一个新的价值空间，单单这一环节便可增加 6%~8% 的利润。因此，相比其他同行，该公司在起跑线上已经领先。

该公司总裁清楚了解到，只做浅层次的发展，市场空间将越做越小，企业也会遇到瓶颈，因此公司不再横向发展，而是纵向扩张。如今，该公司已成为全国第二大玉米油生产企业。

价值创造

企业在运作过程中往往需要对商业模式进行创新，突出核心能力与资源的运用，对能力与资源进行整合，科学配置企业资源，清晰规划实现路径，使企业运营过程更加合理、协调。事实上，企业通过一系列手段，对相关产品、服务、资源重新匹配的过程，就是为顾客创造价值，为投资者创造价值的过程。

　　企业想要创造价值，实现价值最大化，关键在于是否能够找到最佳立足点，具备远见卓识的能力。例如，一碗大米，加水蒸熟后，在饭店中的售价通常是 3 元至 5 元，那么它的价值也就局限在填饱肚子；如果将大米磨成粉，再进行加工做成糕点，其价格极有可能涨到十几元、几十元甚至几百元，那么它的价值将超越解决饥饿感，而是带来欣赏、愉悦的价值；如果将大米适当发酵加温酿成酒，那么其价格也会再次上涨，而且其价值也将会进一步被放大，比如可以拉近人们之间的关系，加深人们之间的感情等。

　　创造新的商业模式，只有站在全新的视角，才能让企业进行价值创造，且实现价值最大化。

价值放大

　　当企业创造出价值之后，面临的一个最棘手的问题就是——怎么卖？这关系到价值提供者与价值需求者之间建立的链接关系。明确价值需求者是谁，了解价值提供者能够提供什么，接下来的工作便是将工作做到实处、做好键接工作，将价值放大。

　　在产品极其丰富的今天，面向价值需求者的核心功能越来越不清晰，企业能够提供实际价值需求的活动越来越偏离企业实际本质。所以，企业不仅要建立价值匹配，更要提高价值匹配成功的概率，将供需成功链接起来。

　　将企业与客户成功链接起来，对产品进行价值匹配，实现价值放大，最终实现价值最大化，需要根据不同的原则进行边界划分，确定各自的圈子以及各自的势力范围。正如野生狮子会确立自己的势力范围，禁止其他野生动物进入那样。

但是面对不同的需求者，通常会衍生出各种各样的需求，与此同时会衍生出不同的企业定位。例如，服装厂设计衣服，可以走高端路线，提供一对一服务，进行私人订制；也可以生产不同系列的衣服，通过连锁店卖给客户。

因此，面对价值需求者的需求，价值提供者决定以何种定位面对，选择什么样的价值匹配，并渐渐放大价值，随之建立相适应的商业模式，实现价值供需双方的链接很关键。

价值优化

实现价值优化，可以帮助企业再创辉煌。面对价值优化，企业需要考虑两个问题：谁向我付费，我向谁支出。而且在这两者中，还有一层重要的因素不容忽视，即企业在其中能够赚多少钱。

能赚多少钱，才是企业真正的目的和最应该关心的，这取决于企业将价值进行转换优化的工作。进行价值优化，就需要做到向我付费最多，而我支出最少，实现企业利益最大化。

但是要实现企业利益最大化，就要将价值链的每一个环节设计得恰到好处，完成价值优化，保障价值链的健康顺畅发展。企业除了对产品价值进行优化，还可以对金融和资本进行优化。

投行思维的核心经营理念就是实现企业"价值潜力"，不但对资源进行优化，而且形成价值生态体系，在不知不觉间创新商业模式，推动企业快速自我颠覆。

两大核心：引领企业价值升华

企业从初创到发展壮大，要实现价值的升华，需要谨记投行思维总结的最精辟的两大核心，也称为八字方针：商业模式、杠杆对冲。

核心一：商业模式是企业安身立命之根本

经营企业如同开车上路，市场相当于道路，模式就是企业的座驾，管理是企业领导人的驾驭能力，资本就是能够注入企业的燃油动力。

如果你坐上的是一台拖拉机，永远不要指望开出法拉利的速度，更不会有任何一个企业家或投资人会把宝贵的燃油（资本）注入一辆破车。所以，在企业进入市场之前，我们还是要先打造好我们的座驾吧。没有好的座驾，也就是企业的商业模式，就算给你再宽广的市场，也不可能开出 F1 的气势。

显然，商业模式是企业的一个核心基础问题，在投行思维的运作下，商业模式的作用被不断放大，可以将死资产转化为活资产，将被动获得变为主动争取，将企业现有资金短时间内扩大数倍，从而大幅度提升企业的运作能力。

核心二：杠杆对冲是企业合理配置资源获得快速发展的工具

所谓杠杆模式，即一种以小搏大的资金运作模式，就是通过资金运作，令原有资金产生超过自身价值一倍甚至数倍价值的商业模式。

举一个简单的例子。假如你有一套老房子，然而你又不愿意在这套老房子中居住，怎么办？很多人想到了出租。的确，这是最简单的资源配置，但是相信不会有人愿意花大价钱来租赁一套老房子。所以在大多数人眼中，这套老房子能够产生的价值非常有限。

如果从投行思维的角度出发，结果则会大不相同。只要构建有效的商业模式，我们就可以进行杠杆对冲。将这座老房子当作抵押向银行申请贷款，过程中房子自身不会受到任何影响，关键是我们可以继续出租房子，将房租用作分期还贷，或者归还利息，这样我们就可以在较低的风险下，获得一笔资金。

无论是商业模式还是杠杆对冲，其最终目的都是为了企业价值的升华。

其实，在我身边也曾发生过很多运用投行思维的八字方针走向成功的真实创业故事。

2019 年，一位有志青年开始了自己的创业之旅。创业初期，他与很多创业者一样缺乏启动资金，尽管他想过很多方法，例如抵押贷款，找亲朋好友筹集资金等，然而，由于缺乏等价的抵押资源，银行拒绝他的理由几乎如出一辙。后来经一位朋友的介绍，他找到了我，向我提出借资 300 万元的请求。

当时，我只提出了一个问题："你的创业思路和方式是什么？"

他回答，一种租赁整层写字楼，进行装修完善再高价出租的方式。

从风险对冲的角度考虑，他出色的经营能力降低了这笔投资的风险。但这种投资模式存在巨大的风险，他没有任何能够抵押的资产。

因此，我决定为他量身定做另一种新的投资模式，即：创投模式。把项目股权放在投资人手中，将项目经营权交给他，利益分成，股东七成，他三成。

当项目结构调整以后，事情的性质发生了变化。因为不再有人关心他自身究竟拥有多少资产，而是所有人把眼光放在项目本身上，也就是这个项目是否能够盈利，盈利多少。

按照他的思路，店铺租赁下来，进行装修升级再高租金转租出去。但是这种商业思维过于简单了，在投行思维的调整下，最终开创了别具一格的商业格局。

在一块非常有潜力的楼盘处进行投资，整体租赁两层楼，虽然同为一栋房屋，但是二楼的租金却比一楼低三到四倍。二楼做大卖场，这样一来，二楼可以产生和一楼相同的客流量，但相对创造的价值会更加突出。

在这种模式下，再把二楼卖场十年的经营权进行一次性出售，随后获得的不仅是成本的回归，更是超过 50% 的回报。而这一项目从策划到收益只用了 8 个月的时间。

更为重要的是，运用投行思维大多数商业模式都可以快速复制。从当初他渴望借资 300 万元，到完成第一次合作，随后又利用这种模式众筹到了 2000 万元资金，并将成果扩大到了 5000 万元，仅仅用了半年时间。

回想当初他四处碰壁也筹集不到 300 万元资金，而运用投行思维却让整件事、整个人的价值发生了巨大转变。

从以上的讲述和案例中，我们不难发现以下启示：商业模式永远是企业最核心的也是最根本的支柱，没有好的运营模式，不可能产生好的现金流，也就不可能有利用杠杆的机会；具备核心价值后，运用杠杆撬动更大的资源；用资本为企业插上天使的翅膀，再配合风险对冲的手段，最终实现企业价值的升华。

三大心法：价值爆发的突破口

投行思维，无论企业家们是否感受得到它的存在，它都像是一只无形的手，在商业金融资本以及生活的各个层面存在着，并发挥着巨大的作用，就像物理学家们所研究的暗物质，人类看不到它们，但不表示它们并不存在，而只能定义为人类还没有具备这样的慧眼。投行思维作为一种思维方式，在过往的经济、资源、金融等各个层面，无不留下了浓重的一笔。在目前万众创新的年代，了解、学习和运用投行思维已经成为企业家一门必不可少的课程。

任何一种思维方式，都是可以通过学习和训练，掌握并使用的。越早学习，越早占领思维优势，越早使用，越早获得资源掌控权和配置权。

投行思维的三大心法，是投行思维最基础的理论。之所以称之为"心法"，就是要时时把它当作心中默念的规则，让它融化在血液中、贯彻在行动上。

心法一：跳出个人圈层，占领资源高地

人们通过"丝绸之路"将东方的丝绸、瓷器等物品运到西方，换取西方的香料、毛皮等产品后，再沿着这条道路返回。

这条道路对古代东西方经济的往来起到了很重要的作用，而商人的行为更是一种伟大创举。因为，这些商人早在两千多年前便在无形中、无意间将投行思维运用得淋漓尽致——将资源搬到出价较高的地方。这正是投行思维的三大心法之一——跳出个人圈层（有限地域），占领资源高地（最大化资源配置）。

投行思维的关键就是资源配置，即对资源进行调配控制，以获取最高的利润。无论是曾经走在"丝绸之路"上的商人，还是如今四处奔走的企业家、创业者，最终的目的同样是获取利润，哪里利润高，便奔向哪里。

最大化资源配置便是寻找资源价格洼地，将处于价格洼地的资源搬到出价相对较高的地方，反向匹配出价高者，实现资源的快速、有效配置。寻找资源价格洼地的前提是，我们首先要跳出个人价值洼地，即要以大局眼光从长远层面看待已有资源。因为只有放眼整个市场环境，才能得到更全面的资源配置结果。

贵阳，中国西部一个经济发展相对落后的城市，但是在"互联网+"时代，贵阳的发展战略并没有局限在固有的自然生态资源方面，而是跳出地域的限制，积极引进金融平台和优秀人才，快速构建大数据平台、互联网金融平台和众筹平台。

尤其是2015年10月在贵阳成功举办了首届"世界众筹大会"，围绕"创业、创新、创客"主线，通过举办39场论坛，搭建了一个各行业领筹人、交易商、服务商、天使投资人及广大创客和创业者交流的平台，涉及科技、餐饮、体育、房地产、农业、文化等多个行业。

一时间，人们心中那个以旅游业发展为主的"爽爽的贵阳"，摇身成为以金融业崛起为主的"世界众筹之都"。

无论是资源所有者、资源配置者还是资源出卖者，都要打破地缘、血缘的限制，时刻遵循"走出去、引进来"的资源配置原则，才能防止资源错配。

心法二：以人为本，构建人钱关系的闭环

从资本的角度来说，世界上或许只存在两种人：一种是为金钱服务的人，一种是享受金钱服务的人。

而我们常说的以人为本，就是让钱为人服务。只有以人为核心，利用钱为人节省时间、空间、能力和价值，人才有动力、有条件创造更多的收益，进而再利用钱为人创造更好的学习空间、生存空间、创新空间，才能推动企业的发展。这就是人钱关系的闭环。

为什么"海底捞"成为中国餐饮业的榜样？"人性化管理"成为"海底捞"的成功要诀。

张勇是"海底捞"的创始人，他说，"海底捞"的员工和其他同行业的员工不同，也可以说"海底捞"的各个员工在服务时都不尽相同。"海底捞"非常注重"人性化"，在工作过程中，员工可以按照自己的理念对待客户，从而让员工真正喜欢上自己的工作。

这些想法和做法看上去似乎是件非常简单的事情，然而事实却非如此。

张勇说，火锅这个行业几乎没有技术含量，任何人都可以应聘服务员岗位，可是，想要成为一名优秀的服务员却不是一件容易的事情。很多人之所以选择当服务员是因为没有其他的出路，如此一来，服务员在工作时会有抵触心理，很难做好工作。所以，只要服务员能够从内心真正接受这个岗位、喜欢这份工作，那

么就没有做不好的。

如何才能让服务员从内心深处喜欢并接受这个岗位？"海底捞"打的是亲情牌，即对待员工像对待家人一样。俗话说真心换真心，员工也会将公司当成一个大家庭。如此一来，员工就有了主人翁意识，用心对待顾客。

"海底捞"的秘密其实就这么简单。

可以说，"海底捞"是最典型的构建人钱关系闭环的实践者和受益者。

处理公司与员工、人与人之间的关系，是一个亘古不变的话题，也是一个最难获得满意结果的话题，因为人是有人性的，而且人性是在变化的。一种方法在当时当地是有用的，换一个场景也许就失效了。所以，以人为本，是一个永久的话题，需要管理者永远去研究，真正做到顺应人性，找到人性最能创造价值的 G 点。

目前很多公司已经不是招聘员工，而是寻找合伙人，这也是在人格上、心态上寻求平等的一种尝试。因为平等是人性的第一需求，因为平等才能互助，因为互助才能共赢，因为共赢才有价值最大化的可能。而这不仅仅是一个形式上的合伙人！

心法三：看透钱的本质，把钱当作商品来使用

在成功者眼里，钱是一种商品，同样具备价值与使用价值。

而在失败者眼中，钱与商品唯一的关系只是等价交换。

通常，人的思维普遍呈现这样一种认知：100 万元，可以买一辆配置不错的汽车，或者可以在三线城市买一套装饰精美的豪宅。很少人会想到 100 万元如何变成 200 万元甚至更多，这就是思维的局限。

有一个比较老旧的故事，讲的是一个人，他的祖母出身豪门，拥有万贯家财，可是到了他这一代，财产已经挥霍一空。他不解，问祖母："奶奶，听说你小时

候家里很有钱，有很多元宝、大洋，现在怎么一块也见不到？"

祖母说："本来是有些大洋、元宝的，可是后来为了养活你爸他们兄妹几个，那些大洋、元宝都被换成粮食了。"

他接着说："大洋、元宝可是宝贝啊！肯定换了不少粮食吧！"

祖母说："哪有！只是换了很少的粮食，省吃俭用都不够。"

他又问："为什么不把大洋当作古董卖了，那样的话可以换更多的钱，买更多的粮食。"

祖母说："哪有这么容易，能换成粮食让家里吃好喝好就是最好的结果了，人要知足。"

在母亲眼中，只要儿女可以健康生活下去，比任何事情都重要。那些大洋、元宝只能换粮食，除此之外，它们毫无用处。所以，即使给那位祖母再多的大洋、元宝，在她眼中也只不过是多了些粮食而已。

必须承认一点，祖母的思维存在局限性。她仅仅看到了大洋表面的价值，看不到它更深层的价值。

钱，是钱，又不仅仅是钱，我们需要看透钱的本质。钱的背后有着多种属性、价值，而这正是我们所需要探究、挖掘和利用的。成功者的思维永远是透过现象看到本质，"钱"就是一件商品，同样具备价格和价值的属性，是比通常的商品更具有核心价值的一件商品。

中国经济正在从高速发展期转向高质量发展期，如何让30年前的当红企业在现在的市场环境下走出困境，重新跟上时代的步伐？

投行思维的提出，给出了人们在思维上变革的方向。从美国霸主地位的追本溯源可以看出，投行思维揭示了其成为霸主的原因，也诠释了我们的未来。投行思维可以说是一个客观规律，存在于市场经济、金融资本和资产配置等所有经济活动中，所以，我们不能再蒙面创业和投资，更不能蒙心在经济活动中，为了企业能够在初创时有良好的基因、成长期具备加速扩张的能量、成熟期迅速进入资本市场，我们必须学会和运用投行思维，而三大心法给我们指出了最实在的基本功训练方法。

四大理念：将价值不断放大

当商业模式被重构，杠杆对冲被完善之后，大多数企业家、创业者已经具备了最基本的商业思维。乐观而言，你可以赚钱了，可以进行营利性的商业活动了。但保守来看，想要安全、长久地获利，仍需要继续深化分析投行思维，将投行思维的四大理念装进脑海、根植心底。

理念一：公司产品化——把企业当作产品来经营

真正的投行思维不是想出来的，而是打磨出来、雕琢出来的。这是投行思维与其他商业思维之间最大的差别。

例如，常规的创业者内心思考最多的是什么？是企业如何做好。但是他的思维存在问题，因为大多数创业者发现，把企业做好往往只停留在愿望层面，现实情况是企业中有解决不完的问题，如何把企业做好永远都找不到答案。

我想说，你可以把一种产品做到大众欢迎，做到持久盈利，为什么不能把企业做好？有没有想过，把企业当作产品来经营，并按照经营产品的思维来思考问题，进而将企业做到大众欢迎，持久赢利？以下案例中的两个企业，不仅是如此想的，也是这样做的。

案例一："好分数"系统提供商

学校考试、测验完毕后要进行阅卷，传统的盈利模式是，系统提供商为学校提供网上阅卷所需的软件与硬件，学校则支付相应的费用，通常在十几万元或者二十几万元左右。然而这样的成本费用太高，盈利模式效果不佳。

"好分数"公司则另辟新径，即：软硬件免费提供。如此一来，对校方而言，可以有效减少成本支出；对老师而言，既可以减轻传统阅卷的负担，同时也能快速统计分数；对家长而言，不仅能够知道孩子的分数，还能清楚知道孩子的答卷情况，追踪孩子的学习情况，哪一题正确，哪一题错误，明确孩子功课的薄弱区域。总之，对各方都有一定的好处。

同时，"好分数"找到了家长的软肋。通过阅卷系统，家长能够知道孩子的考试成绩、功课情况，但是在现有的教学体制下，家长更希望进一步了解和对比孩子与同班同学、全校同年级学生，甚至整个地区同年级学生的学习情况，此时"好分数"开始提供有偿服务，家长需要缴纳一部分费用，一般一年100元左右。

这样一来，"好分数"完全将自己与行业内其他企业区分开来，使自己处于一种新形态中。表面看，"好分数"处于一种亏本的状态，只收取家长一小部分费用，但家长是一个庞大的群体，而且具备刚性需求。

通过校方、老师、家长的一致好评，"好分数"迅速占领市场。此时，市场中能与之匹配的企业看到了"好分数"的潜力，纷纷效仿。随后，"好分数"将企业整体打包，与市场中相关产品进行匹配组合销售，如此一来，"好分数"既提升了自己的市场地位，也增加了企业的盈利点，两全其美。

案例二："小区管理软件"提供商

常规的小区管理软件只是为小区提供物业服务和物业管理，销售渠道也只是通过挨家挨户走访，向小区物业销售。显然这样的销售方式会招致小区物业的反感，收到的效果自然不满意。

然而，这家企业创新思维，将企业的小区管理软件与微信结合，免费让小区物业使用。首先，软件与微信结合，例如缴纳税费、缴纳物业费、小区活动等通知无须小区物业发短信告知，只需在微信公众号中发布信息即可，如此一来，也可节省费用支出。其次，免费提供使用，相信每个小区物业都会乐意接受。

当然，软件被小区物业接受只是第一步，小区业主才是真正的使用者。明确关键点后，该企业继续进行头脑风暴。每个业主在购买房屋时，都会登记相关信息，其中自然包括电话号码。最后，该企业将小区管理软件与企业旗下的销售管理系统 ERP 连接，该企业只要将系统的后台管理工作做好，便能更好地为业主提供服务，而小区业主无须注册，只需关注该软件微信公众号即可。

当然，这个小区管理软件，不只停留在提供物业服务、物业管理层面，它还能为客户提供不一样的服务，例如向业主提供蔬菜供应、日用品供应等生活服务，理财方案、信用卡使用等金融服务……在提供这一系列额外服务的同时，该公司自然也挖掘到了利润点。

当该企业逐渐在市场中站稳脚步之时，市场中的其他企业自然看到了该企业小区管理软件微信公众号暗藏的商机，纷纷将企业产品、服务放到该微信公众号上，在增加曝光度的同时，招揽客户。该企业自然乐意，在不断收纳各个企业产品、服务的同时，也将企业当作一个产品不断向外兜售，以吸引更多的企业入驻其小区软件的微信公众号。

以上这两家企业之所以能够成功，道理其实很简单，将企业当作产品来经营。尽管在开始时，它们也只是经营一种产品，但这只是它们策略中的第一步。随后它们通过免费提供的方式打开市场，在迅速占领市场的同时，都将自己变成其他企业的"零部件"，将企业打包向外"招商"。与其说向外"招商"，不如说被动向外"招商"，与其他企业的产品捆绑在一起，顺势推广，顺势赢利。

理念二：货币贸易化——把货币当作商品来使用，使其使用效率最高

资产回报最大化产生的直接后果是什么？货币资金的增长。但是，资金增长以后该如何做？不同的人会有不同的结果。不少有钱的企业更愿意存着、放着、守着、捂着！结果是，资金不能发挥最大的作用，也就难怪会有"富不过三代"的说法。货币只是货币，按照投行思维的理念，货币就是一种商品，具有使用价值，我们不仅要有效使用货币，还要使货币的使用效率最高。也就是企业赚到的钱，不是单纯意义上的资金，而是以商品形式存在的一种资源，进而用来赚取更多的钱，循环往复，资源的累积逐渐增加。在讲解如何做到货币使用效率最高之前，我们还需要走出一个思想误区。

这个误区，在投行思维里，叫作符号误区，就是给钱加上了符号备注。哪些是自己的钱，哪些是别人的钱，哪些钱是能用的，而哪些钱是不能用的。

例如，某位企业家在融资扩张企业时，找我借款 200 万元。我很奇怪为什么他不能将自己名下的两套高档公寓进行银行抵押，因为，他的这种募资方式，一般的借款利率在 20% 左右，而银行的利率只有 8%。

你能想到这位企业家的回答是什么吗？他说："房产抵押贷款风险太高，如果失败了房子就没了。"

对此我为他的思想悲哀，也为他的人品感到疑惑。在他内心深处，借来的钱和自己的钱之间是有区别的。自己的钱是钱，别人的钱不是钱吗？拿着他人 20% 的利率资金所承受的风险一定比银行 8% 的利率贷款低吗？

如果把钱画上了符号，也就是你为手中的资源画上的符号，资源不能为企业所用，发挥其本身的作用，企业的发展必定也受到限制。

事实上，货币使用效率最高的概念可以精确地概述为：钱本身就是一种工具，和其他任何资源一样。

理念三：资产证券化——市场流通性最大化

资产证券化，给企业带来的好处，首先降低了融资成本，基础资产与企业风险相隔离，从而获得更高的信用评级；同时优化了企业财务状况，证券化融资可优化企业财务杠杆、满足资产负债率要求；增强了企业的资产流动性；企业融资规模灵活可变，融资规模由基础资产的预期现金流决定，不受企业净资产限制。

简单而言，资产证券化就是将企业缺失流动性的资产转换为在金融市场上可以自由买卖的证券，达到市场流通性最大化。

"京东白条"对于很多人来说并不陌生。很多消费者已经享受到了"京东白条"所带来的消费增值服务，一旦消费者在京东金融建立的信用评估体系中获得了良好的信用评级，便可在京东消费时，享受"先消费、后付款"的信用赊购服务，同时也可享受 30 天内免服务费、最长 24 个月分期付款等增值服务。

但"京东白条"对于京东来说却是典型的缺失流动性的资产。如何才能将其"盘活"呢？京东选择的正是资产证券化，并取得了良好的成效。

2015 年 9 月 21 日，京东金融正式公开向外界披露，其"京东白条资产证券化"项目已获证监会批复，并由华泰证券（上海）资产管理有限公司发行，消息一经发布，就受到了机构投资者的热捧，在推出当天就被四家机构抢购一空。

魔力何在？资产证券化听起来高大上，但本质上也只是一种融资方式，为什么效果却不同？

京东金融的发行方案是："京东白条资产证券化"的基础资产为"京东白条应收账款"债权，融资总额为 8 亿元，其中 1 级（75%，AAA 评级）6 亿元资产支持证券和 2 级（13%，AA– 评级）1.04 亿元资产支持证券由投资机构完成认购，3 级（12%）0.96 亿元资产支持证券由原始权益人主动认购。

京东白条资产专项资产计划的具体产品期限为 24 个月，前 12 个月为循环购买期，以入池标准挑选合格基础资产进行循环购买；循环期内每季度兑付 1 级和 2 级投资人收益；后 12 个月为本息摊还期，摊还期内按月兑付 1 级和 2 级的利息和本金；待 1 级和 2 级本金全部偿付，将剩余收益支付于 3 级投资人。

如果站在投资者的角度考虑，投资者选择投资时顾虑最多的往往是投资逾期无法按时收回的危险。而京东通过"京东白条资产证券化"，就能有效规避此类风险，最大程度地降低了投资者的担忧。因为投资者只需要考虑"京东白条资产证券化"的资产质量，不需要考虑京东的经营状况。

也就是说，如果京东选择项目融资，无论选择什么样的融资方式（风投、天使投资、私募基金、银行贷款，等等），有一条是始终不会改变的，即债务人永远是京东。所以，当"京东白条资产证券化"的债务人转移为打白条的消费者时，风险则达到了最大化的分散。

2015 年 10 月 28 日，京东金融所发行的资本市场第一个基于互联网消费金融的 ABS（资产证券化）产品"京东白条应收账款债权资产支持专项计划"在深交所正式挂牌。

理念四：市值最大化——把企业做成持久盈利的系统

检验一个人能力水平高低需要的是平台，检验一个企业创造价值的大小需要的是市场，体现在资本市场上就是市值。

相反，企业市值的最大化也是实现企业追求价值最大化目标的一个外在的、可度量的指标。也就是说，企业市值是企业创造价值的外在表现，企业创造的价值则决定了企业在资本市场上的市值。

因此，实现市值最大化应该而且亟须提上企业经营管理的议事日程。最有效的方法就是实现企业价值最大化，而实现企业价值最大化的有效途径则是把企业做成持久盈利的系统。

"哎呀呀"正是深谙此道，改变了零售行业的游戏规则，将一度被边缘化的产品变成了深受广大消费者追捧的时尚主流。

"哎呀呀"对加盟店实施物流配送统一化、店面设计时尚化、员工培训专业化，充分保证加盟商的盈利，从而实现公司与加盟商的共赢。管理上实现电子商务信息网络化，公司构建计算机商务网络系统，建立了管理、生产、销售等各个环节的计算机终端网络，实现了内部资源共享和网络化管理。

当然，只是实现了共赢与共享尚不能称之为真正意义的持久盈利系统，因为盈利的关键在于消费，尤其是要实现重复消费。那么，"哎呀呀"是怎么做的呢？

"哎呀呀"在消费群体的选择上毫不避讳地复制了腾讯QQ的做法，诚如"哎呀呀"董事长叶国富在一次品牌推广会上所说："我们圈到了一个年薪好、消费力强的群体。'哎呀呀'的消费群体是14~26岁的年轻女性，她们是80后、90后新一代的消费者，可以不吃饭，但不能不好看，这是她们的理念。她们更了解品牌的意义和相关的商业操作，对于自己的消费选择越来越自信，也更看重产品的品质和商家的诚信。而围绕这个人群可以做一系列的增值服务，比如我们现在化妆品产品的成长非常快，目前我们的会员数量已超过 7000 万，预计到今年年底，'哎呀呀'的会员数量可以突破 1 亿，可以看到很多年轻人都有'哎呀呀'的会员卡，而且这个会员卡都放在他们的钱包里面，是长期消费用的。这就是我们的消费群体跟腾讯 QQ 的消费群体是非常吻合的，都是年薪非常好，重复消费，每个星期我们的消费群体都要逛'哎呀呀'店。"

产生消费才能盈利。如果我们将共赢、共享看作构建持久盈利系统的基础，那么实现重复消费正是成功构建持久盈利系统的标志。

其实，"哎呀呀"在构建持久盈利系统过程中也验证了我的一个观点。

我经常说，"转"钱才能赚钱。钱在一个地方放着，只能不断贬值，只有让它转动起来，才能发挥最大的作用。"哎呀呀"正是在管理、生产、销售、人员等方面投入了大量的资金，让钱转动了起来才实现了真正的共赢和共享，进而实现了价值最大化。如果体现在资本市场上，有人曾估计，一旦"哎呀呀"上市，其市值有可能超过雅戈尔、红豆等知名的服装品牌。

回头想想我们最初讲解的杠杆放大资金的故事，那些利用杠杆模式"忽悠"无数人投资的案例，为什么他们可以博得他人的信任？因为他们让人看到了钱转动起来后能够产生的巨大效果。这种货币使用效率的无限扩大，满足了很多人内心的贪欲，从而导致其忽视了其中存在的风险。世界上所有的事物无一例外需要遵循一定的规律，适者方能生存。

布局决定结局

篮球比赛过程中，每个球员的眼睛只会停留在篮球上，全部思维也只会集中在进攻、防守、投篮、抢篮板整个篮球运动过程中。毕竟，只要将战略布局布置得当，进球得分就是水到渠成的事情。

同理，在运作企业之前，投行思维告诉我们也需要进行有效、合理的商业布局。因为，布局决定结局。

依大势成大事的小米

对于很多中国企业而言，面临的真正压力不是金钱，也非人脉，而是能否为企业布下一个完美的局。于是，随着网络的发展，一场场布局，迅速扩张。

2011年，小米手机发布会在北京798艺术中心举行，因超高的性价比很快受到了无数粉丝的狂热追捧，从而风靡全国，红遍大江南北。因为市场太火，新的小米手机上市都需要预订，当小米手机的新机型发布时，短短几分钟内小米发布的 10 万台手机就会被用户一抢而空。如果你也想在这场盛宴中抢得一部小米手机，非常困难。

短短几年时间，小米创造了一份属于中国人的荣耀，绚烂无比，远远赶超摩托罗拉等手机制造商。到 2015 年，小米手机的国内市场份额已经达到令人震惊的 15%。如今，小米成为世界第四大智能手机制造商。

为什么小米手机刚开始上市就能如此火爆？

其实，雷军在做米聊时，就已经开始在悄悄地布局。

米聊，发布于 2010 年，是小米旗下一个跨 iPhone、Android、Symbian 手机操作系统，提供免费即时通信的平台。类似于微信，可以和好友发语音和图片。

细心的用户会发现，当自己进入小米官网的时候，点击在官网中的红框的内容，就可以看到"米聊"。如果按照年龄来区别米聊和微信，米聊当属大哥，微信比米聊晚两个月诞生。

米聊曾经是影响力最大的移动即时通信工具，不过让雷军感到无奈的是，米聊最终还是输给了微信。但是米聊依然拥有成功之处，即拥有大量的"米粉"（小米的粉丝）。

正如雷军所言："我相信过很多东西，比如聪明加勤奋天下无敌。但 40 岁时发现，1% 的灵感超过了 99% 的汗水。主流教育告诫大家要勤奋，我觉得勤奋是基本功，重点还是要把握大势。"

雷军凭着一股韧劲，以及能够把握大势的能力，让小米的成功水到渠成。

想要俘获大众用户的心，就要生产出超高性价比的手机，这是小米公司所有员工的一致观点。因此，"为发烧而生"便成为小米公司的口号。当市场上同等配置的手机大多霸占三四千的价位居高不下时，小米手机大力推出亲民价格——1999 元，只需 1999 元即可获得一部和市场上几千元的手机同等的配置，因此，超高性价比的小米很快拥有了一大批忠实的"发烧友"。

小米手机不仅性价比高，推陈出新的速度也是非常快，而这直接将小米手机推上了一个新的高潮。

从 2011 年 8 月 16 日发布小米第一代手机后，雷军陆续发布了路由器、随身 WIFI、电视、移动电源以及平板电脑等多种电子产品，每款产品不仅款式新颖，而且价格亲民，大大满足了"发烧友"的需求，同时也为小米走上更高的高潮，布下了一个又一个大局。

可喜的是，"米粉"们甘愿为小米手机的布局做"传教士"。

2013 年的一次小米发布会，在国家会议中心召开。当时聚集了来自世界各地的"米粉"，有的甚至扛着自制的大旗，为小米助威。粉丝参与到小米发布会当中，为小米的宣传和推广起到了难以想象的作用。这样的结果，与其说是小米懂得利用网络以及手机的高端配置笼络人心，不如说是小米运用投行思维资源配置的落地实施——小米公司不费吹灰之力，便可以调动五湖四海的忠实粉丝甘心为自己宣传。此举，有几个手机公司能够做到？

在小米之外，雷军还以天使投资人的身份在顺为基金进行产业布局，正如雷军所言："未来 5 年内投资约 50 家类似小米的公司。"

在顺为资本布局时，有一个在外人看来属于奇迹范畴的投资事件。

2015 年 3 月底的一天，将近黄昏，佘福元带着自己的可遇青年公寓项目来到了北京，他的目的只有一个，见雷军，说服他投资。

很快，两人进入了项目投资沟通环节。

雷军先开口："公司叫什么？"

佘福元答："叫'可遇'，可遇不可求的可遇。"

雷军似乎有点兴奋："名字起得挺好，但可遇可求才对。"

接着，雷军又问了一个问题，但不是问佘福元，而是问顺为资本的一个投资经理："这个行业，在武汉能不能做成一家上市公司？"

投资经理非常肯定："可以。"

就这样，佘福元与雷军的对话结束了，但结果却让佘福元吃惊不已。

晚上 10 点左右，顺为资本合伙人李锐主动打电话给佘福元："你赶紧过来办公室，我们把投资的事儿给定下来，雷军说不能再拖了。"

就在这样一个普通的夜晚，佘福元成功说服了雷军，顺利拿到了顺为资本投资他的可遇青年公寓的 1000 万元。从顺为资本投资可遇青年公寓、领投积木盒子进军互联网金融、投资华策影视，小米以 2500 万美元入股 iHealth 进军移动医疗，到投资凯立德，无不是雷军在布的一个又一个局。

而在雷军产业布局的背后则是，寻找与小米步调一致的公司，通过互联网整合的模式，让其成为小米产业布局的外围环节，为小米抢占或颠覆市场助力。

把盘子做大的马云

除了雷军利用资源配置做布局从而获得成功以外，阿里巴巴也是很好的例子。

阿里巴巴创建以后，便开始布局做诚信通。诚信通是一种会员制贸易服务，服务对象主要针对从事中国国内贸易的中小企业。之所以开通诚信通，是为了解决用户的网络贸易信用问题。此服务有两个好处，既可以宣传产品，也可以宣传企业，一举两得。

随后，阿里巴巴又开始推行 C2C 模式。

C2C 中的"C"是 Customer 的缩写，即消费者，故 C2C 即"Customer to

Customer"，也就是个人与个人之间的电子商务，比如淘宝。

C2C 模式，对于互联网而言，有着明显的优势，主要体现在：节约成本，方便两人之间沟通，促进该市场交易额迅速增长。

在我国 C2C 市场，淘宝市场份额占据了半壁江山。毋庸置疑，淘宝在 C2C 领域的领先地位暂时无人能够撼动。然而，这只是马云布局的开始而已。

接着马云继续布局，推出支付宝。

支付宝，对年轻人而言并不陌生。它是国内领先的第三方支付平台，主要提供支付及理财服务，囊括网购担保交易、网络支付、转账、信用卡还款、手机充值、水电煤缴费、个人理财等多个领域，便于人们使用。

当推出支付宝以后，马云又开始叫板银行，推出余额增值服务和活期资金管理服务产品——余额宝。

余额宝是支付宝打造的余额增值服务，人们把钱存入余额宝，就可以获得一定的收益，产生的收益以及余额宝存入的钱都可以用来网购。

余额宝与银行最大的不同就是其收益，余额宝操作简便、低门槛、零手续费、可随取随用，而且收益较高，颇受用户青睐。

慢慢地，马云在互联网上布下了一个更大的局，推出了阿里金融。

阿里金融，以信用为主题，专门为那些讲信用的小微企业、创业者提供小额信贷等业务。

如此一来，阿里巴巴越做越大，布局越来越广。随着阿里巴巴商业系统的越来越大，阿里巴巴并没有骄傲与自满，仍在不断布局，后来居然玩起了收购，如马云收购了恒生电子、恒大足球等产业，逐渐扩大自己的事业。

随着大数据的火爆，在继马云收购恒生电子等企业之后，马云向大数据领域进军的野心逐渐显现。无论你相信与否，全球各种整合、融合势不可挡，许多人认为，大数据将会成为未来产业财富扩张的重要引擎。

不可否认，马云一步步精心布下的局，为他成为创业史上具有影响力的知名企业家奠定了基础，而风云人物也非他莫属。

不妨想象，普通中小企业能否做到像马云这样成功？

答案是肯定的。尽管未来是未知的，但是我们只需围绕自己的中心一直坚持下去，一定会越做越好，从而实现良性循环。

纵观小米公司以及阿里巴巴的成功史，我们可以清晰发现，布局决定结局，善于布局的人，都是投行思维所提倡的资源配置的谋略者。

【 投行思维航标 】

回顾整个企业的运作过程，我们常常会发现，最大的运作力量往往是思维的力量。对于企业经营者来说，除了必要的勇气和魄力，关键在于懂得如何"操纵"投行思维，把企业的发展引导到正确的道路上来。

本章从哲学层面，向人们展示了"操纵"投行思维的方法。这种方法用四句话概括即"公司产品化、货币贸易化、资产证券化、市值最大化"。

文章更从实践的角度，讲述了"操纵"投行思维的具体践行过程，从而实现价值重塑。

第五章将对投行思维的经营哲学进行系统阐述。

第五章

先让企业好做，再把企业做好

——投行思维的践行

起点：钱是"想"出来的

清朝举人陈澹然在《寤言二·迁都建藩议》里说："不谋万世者，不足谋一时；不谋全局者，不足谋一域。"寓意，一个人在规划事情时，不长远看待问题，连眼前的事情也做不好；一个人在规划事情时，不统筹全局看待问题，连一个地区的事情也做不好。

投行思维里有一个类似的观点，就是"顶层设计"，即企业家做企业时，要站在一定高度上通盘规划。只有这样，企业才能脚踏实地出发，即使遇到资金短缺等难题，也能顺利拿到投资，获得成功。

也就是说，站在顶层设计的高度上，把钱"想"出来。

2010年7月，一个刚毕业的大学生满怀激情投身于一家世界五百强企业，希望通过磨炼为自己打下牢固的基石，并赚取创业资金，为以后创业做准备。

短短两年时间，他学到了很多知识，了解企业运营过程中各个部门如何才能有效结合在一起，了解各个部门的职能和发展空间，甚至明白经过什么样的学习，才能达到总经理的水准。当然，他也攒到了一些资金。

此时，公司非常重视他，为他量身制订了人才培养计划，时不时派遣他外出参加一些关于企业管理的培训。按照公司的安排，三年后，他就能成功晋升为部门经理，年薪 30 万元。

在同事眼中，他是上天的宠儿，三十岁左右就能在职场上拥有自己的一席之地。然而，他内心深处却充满痛苦，感到迷茫，不知道未来的路应该如何走下去。

他意识到一个严重的问题：在这家企业走得越远，他就会越离不开这家企业。他甚至不知道自己离开这家企业后还可以做什么。他的初衷是为了学习锻炼自己，事实上他确实也锻炼了自己，却出现了更大的问题，出现了思想上的痛苦。

他耗费一个月时间终于想清楚原因所在。原来自始至终，他所进行的一切工作都在按照公司的规划走，没有加入自己的丝毫想法。他就像一部仪器，被企业不断改良优化，但即便变得如何高科技、如何精密，也终究逃离不了作为仪器的命运。企业的制度没有一丝的漏洞，按着制度培养，慢慢地他也将变成制度化的一部分。

《肖申克的救赎》里有段非常经典的台词：每个人都是自己的上帝。如果你自己都放弃自己了，还有谁会救你？每个人都在忙，有的忙着生，有的忙着死。忙着追名逐利的你，忙着柴米油盐的你，停下来想一秒：你的大脑，是不是已经被体制化了？你的上帝在哪里？这段台词告诉我们：要打破体制化，脱离固定思维的模式，只有站在一定高度上思考才能做到。

他之所以那么痛苦，是因为最初进行规划时，他没有站在顶层设计的高度上，思考自己的未来之路，只是盲目跟随企业的安排。

意识到问题所在，他开始分析自己拥有什么，自己想要什么，现实又可以给自己什么。通过一系列思考后，他发现房地产是一个火热的行业，于是决定辞职进军房地产行业。可是由于资金不足、阅历有限，再加上房地产公司一般是大规模企业，必须有一定的水准才可以杀入这个行业，所以用"天方夜谭"来形容他的创业或许再合适不过。

困境没有困住他创业的激情。他开始思索有没有和房地产相关，而且在刚开始创业时规模又小的行业。思索许久后，他把目标锁定在房屋装修设计上。

首先，大学时他学的是土木工程设计专业，会画设计图；其次，随着房地产行业的兴起，连带房屋装修需求量逐步加大，将会有很多的客户量；再次，创办房屋设计团队只要五六个人即可，包括财务、设计、普通员工等，不需要太大的规模，恰恰在自己的承受范围之内；最后，等自己的企业得到社会认可后，便能够从风投那里得到大量资金，快速扩大公司的规模。

考虑好各方因素后，他立刻采取行动。仅一年时间，他发现形势的发展比最初设想的还要好。由于市场上需求量极大，而装修设计行业并没有很多公司，竞争力很小，他很轻松就积攒了几十万元。第二年，有了第一年的经验做支撑，再加上广阔的人脉，当他决定扩大公司规模时，轻轻松松从风投手里拿到了500万元资金，公司的规模迅速扩张。

确实，每个人在创业时，首要考虑的问题就是"钱"，因为成立公司需要一定的注册资金。于是，无数想要创业的人不禁仰天长叹："没钱如何创业？"然而在投行思维中，即使你没有金钱、没有信用记录，也能闯出一片天地，打造一片辉煌，只要你学会了顶层设计，钱就可以"想"出来。

目的：获得资源配置权，活在未来

投行思维的意义，即提倡人们做资源配置者。一般来说，资源如果能够得到相对合理的配置，企业的效益也会得到相应的提高，进而使整个企业充满活力；反之，企业效益势必不容乐观。

如果将资源配置者进行划分，可以归纳为以下三类：

1. 资源所有者

从古至今，所有事务最高决策权都掌握在塔尖上的人手中，天下所有人必须听从塔尖的指挥。几乎人人都知道这个道理，因此，各个朝代不乏想要夺取皇位的人，不就是为了谋取资源所有权嘛。

只要是管理者，必然会有权力。权力是什么？权力就是对人财物资源施加影响的能力。其实资源是谁的并不重要，如果没有资源配置权，一切都是徒劳。

案例一：万达影院

"万达影院"开发了一款扫描电影票二维码的 POS 机，然而在投放市场时遭遇市场寒流，销量不尽如人意。

出现问题，就要解决问题。

"万达影院"改变原有的销售模式，与其他电影院联合，将其他影院电影票的网络销售工作全部收入囊中，并将二维码 POS 机免费提供其使用。

因为二维码 POS 机操作简单，无须专门登陆，例如在美团等各自的界面分别进行电影票验证，只需运用 POS 机扫描二维码即可，操作方便、简单，为各大影院解决了烦琐的验票过程，各大电影院自然欣然接受。这样一来，"万达影院"相当于将整个电影行业的网络销售资源整合在一起，此时，"万达影院"理所当然成为网络"批发商"，站在了网络电影售票的塔尖上。

随后，"万达影院"将这些资源批发给网络上的各大门户网站、团购网站，从中收取一定的费用。问题解决后，便是巨额的收益，年收入达到 2000 万元左右。

2. 资源配置者

商业世界的玩家很多，但无论哪个企业经营者，把玩的都是资源，谁能将资源把玩、配置的尽善尽美，谁就能赚得盆满钵满。

案例二：拼多多旗下的多多进宝

"多多进宝"是一个微信平台，与京东、天猫没有太大的区别，唯一的不同之处就是用户在京东、天猫上购买产品，其身份只是一个消费者而已，而在"多多进宝"上用户既可以购买产品，也可以成为该商城的商品推手，分享推广该商城的商品，能从中赢取商家佣金。

传统的代理模式基本都是采用总代理、区代理、市代理……层层代理，这就造成一种现象：原本一件只有 50 元的商品，经过层层代理后，最终到销售者手中时或许将直逼 500 元，其中 450 元的利润都被层层瓜分。"多多进宝"商城则不同，其采用的是垂直电商模式，即商品直接从厂商配送到消费者手中，去掉了层层代理的结果是终端消费者享受到了最大的优惠价格。如果消费者在平台分享传播的话，还能享受商家的返利。真正把原来传统代理模式上消耗的利润，奖励给终端消费者。

人们推广的方式也很简单。平台有一个强大的功能——"分享商品"定功能，点击后生成分享商品的页面，把商品分享链接转发出去，有人点开此链接，就成为平台的潜在客户，只要此人在平台购买分享的商品，该平台就给发送链接的人相应的销售返利。

当然，这种盈利模式与传统的盈利模式存在一个本质的区别。传统的盈利模式取决于中间存在多少层代理，人们就能赚取多少层的利润。"多多进宝"则不同，人们只能赚取自身推荐的设定层级以内的返利，简单来说，就是别人是我们圈子里的一环，我们也是别人圈子里的一环。平台的目的在于把传统模式上省下来的广告宣传费、代理费尽可能地转让给终端消费者，以此鼓励终端消费者不仅仅做个消费者，同时做一个推广者；而终端消费者在购物的同时，充当平台代理者，享受更多的消费优惠。

这样一来，平台通过返利甚至低价的形式，将用户吸引过来，后期通过软文推广、产品推荐等形式将这些用户资源合理配置，甚至通过已有的用户资源，吸引更多用户进而配置更多的资源。

3. 资源出卖者

在全球并购浪潮的推动下，外资并购国内企业的事件越来越多。用投行思维来讲，这类人就属于被配置的资源。

尽管政治家没有本钱，却可以动用手中的资源；金融资本家即使手中没有资金，也可以凭借金融体系的力量支配他人的资金。

以银行为例，人们纷纷将手中的闲置资金存入银行，银行拥有支配这些金钱的能力，随后行使自己的支配权，即放贷。银行不必动用自己的本钱，就可以将钱贷出去，并收取固定利息。这种坐收渔翁之利的好事，或许也只有资源配置者才能享受。

这就是为什么存钱的人，支配不了自己的金钱，却能够被银行所支配，这都取决于自己是不是资源配置者。

过程：价值转化，由"石墨"到"金刚石"

据资料显示，上市公司并购重组交易金额从 2014 年的 1.45 万亿元增长到 2018 年的 2.56 万亿元，约占国内并购总量的 60%，约占国内并购总量的 60%，同时已成为世界第二大并购市场。

显然，资本市场逐渐成为并购重组的主要渠道，尤其对上市公司而言，并购重组成为股市的主旋律之一。

这是因为受到某些因素的影响，企业上市遥遥无期，只能"曲线救国"，选择并购上市公司。并购重组优势颇多，不仅能够将企业做大做强，更加重要的是能够调整中国经济构架，优化资源配置。

企业之所以进行并购重组是为了让企业能够得到更好的发展，但这只是浅层次的意义，其精髓是通过并购重组实现结构重组。

结构重组，是指企业对资源的种类、数量进行调整，产生增值效应，完成从"石墨"到"金刚石"的转化。

无论你是否留意过传统手游（手机游戏）的市场情况，一个不争的事实是，每年上市的手游多达万余款。手游上市的目的是什么？在带给人们愉悦、刺激、享受的同时，赚取利润。

一款手游的利润区域大体可以分为三个部分：开发端20%、发行端40%、渠道端40%。

从投行思维的角度来看，我们只投资第二部分发行端。

例如，一款手游总投资金额为300万元，发行端所得利润为40%，此时如果我们再从万余款手游中挑选出1000款，所得利润会不会更高？会的。随后，我们成立"游戏基金"，再从1000款手游中挑选出2~3款，进行投资。一系列动作，既提升了利润空间，又有效地规避了投资风险。

这就是投行思维，着眼于某一个行业的成本结构，从最有价值的部分介入，再适时有效进行并购重组。

通过结构重组，企业的客户结构、市场结构等都会发生巨大的变化，与此同时竞争优势也将会得到大大提高。

这才是最行之有效的转型升级，才能实现资源优化配置最大化，实现由"石墨"到"金刚石"的华丽变身。

然而，任何事物都需要一个能够得以实现的路径。从"石墨"到"金刚石"的变身路径又是怎样的呢？从根本上讲就是投行思维的落地步骤。

提升信任链

如果说投行思维与传统商业思维存在某些区别的话，我认为是整体化与全局化的不同。传统商业思维进行落地，最常规的做法是：市场调查、风险评估、竞争对比、利益计算。

这四个步骤是大多数商业思维落地的常规套路。但从效果上我们完全可以看出，看似毫无漏洞的落地步骤，事实上并不能解决现实问题，甚至不能发挥盈利点的作用。

那么，投行思维落地第一个步骤是什么？

提升自身的信誉度，让更多人信任我们。

这是一个非常重要的基础。因为没有信任，没有信誉，就不会有人跟随，我们面临的潜在风险，隐形竞争也会无限放大。即便我们拥有非常优质的盈利模式、商业思维，也不可能抓住机遇，产生效果。

即使你有一个非常优质的创意，但是和所有创业者一样，缺乏资金，缺乏推广渠道，缺乏最基本的生产运作能力，这个创意最后依然会成为大脑中单纯的想法，不可能转化为巨大的财富。

优化交易链

在优质的信誉资源之上产生的是独到的价值链，或者说是交易链。

前面提到的青岛的高总，辞去企业高管的职位后，开始了他的创业征程。他设计的联通公司开户购卡（无须充值话费）赠送手机模式，看似前卫、大胆，且风险极高，但正是因为这种模式，使当时的青岛联通公司在移动公司的强烈排挤中站稳了脚跟，并获得了巨大的利润。这也验证了"风险越高，收益越大"的商业规则。

可能有人会产生疑问：他这么容易就可以与联通公司达成合作吗？的确，如果用传统思维去做这件事情或许不能，但高总正是运用了投行思维，对于整条交易链上的每一个环节都处理的十分到位，结果反而使得联通公司不得不与其达成合作。

想当年，联通公司正在遭遇移动的沉重打击，苦于四处难觅出路之际，高总建设性地提供了解决方案，即客户在联通开户购卡，高总负责免费赠送客户一部联通定制手机，唯一的条件是他与联通对半分成客户一年内的话费。

试想，遇到这种可以大幅度拉拢客户的机遇，难道联通公司会轻易放弃吗？而且联通公司前期不需要任何投资。所以高总非常顺利地拿到了合同。

接下去，高总拿着与联通公司签订的合同，找到银行进行谈判。

常规情况下遇到这种问题，银行自然不会贷款，但是联通公司毕竟属于国内一线的大公司，而且是银行的重点客户。于是，高总便打着联通公司的旗号到银行申请专款专用的贷款业务。很快，在联通品牌的作用下，700万元商业贷款到手了。

接下去更精彩的是，高总找到了手机生产商，并再次高举联通公司赐予的"尚方宝剑"完成了另外一种进购模式——手机生产商先发货，账期三个月。

这样一来，银行贷款无须动用，高总便拿到了合同中承诺的联通手机，整个交易链的风险被大幅度降低。

当第一批5万台手机发放出去之后，联通公司、手机制造商、银行都成为受益者，而这一过程中收益最大的则是我的这位朋友，高总。

虽然故事非常简单，但对比方能见智慧。

面对相同的商业机遇，有的人选择交易链的底端，想的是先筹钱，再去抓机遇；有的人选择交易链的顶端，先抓机遇，没钱便想尽一切办法用别人的钱去做生意。前者往往会因为等待，或者面对困难而找到的种种理由和借口被推上没有后路的悬崖；后者往往因为知行合一，相信方法总比问题多，即使不在风口也能飞上天。

仍以上述故事为蓝本，我们可以还原一下不懂得如何优化交易链的人的做法。

首先，他们不敢去找联通公司谈判，通常会等到拥有一定资金之后，至少这些资金可以购买首批联通手机，才去与联通公司洽谈。

其次，即便与联通公司洽谈完成，进行随后的银行贷款时，他们也不会想到专款专用的贷款模式，往往会选择利息较高的商业贷款。

最后，贷款到手之后他们会选择使用这笔资金进购手机。

通过以上对比，我们明白，投行思维落地的第二步正是交易链的优化，而且是一种极为细致的优化，把每一个细节、每一个步骤按照"资产回报最大化，货币使用效率最大化"的经营哲学进行优化。

重构产业链

所谓重构产业链，是一种将企业布局重新定义的行为。

企业盈利了，做大做强了，就需要进行产业布局的优化。因为拥有的资本和自身实力不匹配，以往的布局开始跟不上企业发展的节奏，这时我们就需要寻求改变。

重构产业链需要完成的是购买力提升后的一系列动作。即资金充足的情况下，我们应该购买什么，投资什么。需要注意的是，此时的投资不再是单纯的盈利，而是一种模式的创新。

例如，巴菲特有钱后如何进行投资？雷军在小米成功后如何发展？为什么巴菲特的投资范围和力度越来越大？为什么小米拓展的领域越来越宽？因为购买力不同决定着产业布局的变化。

这些变化事实上就是企业进行的再创业，在互联网思维下的再创新。如今，互联网金融的不断更迭都是在企业产业布局的重构中完成的，从 B2B、B2C 到 O2O，都在遵循着这一原理。

通俗来讲，重构产业链就是在重构商业模式，在商业模式之上加上杠杆，并做好风险对冲，进而产生更大的作为。

构筑资产链

所谓构筑资产链，是指通过产业链的重构实现一种特殊的商业模式，进而将他人的资源转化为自己的资产。

这并不是简单的投资获取回报，而是巧妙的资本运作。目前，很多大型企业都在采用资本运作的方式构筑自己的资产链。例如，阿里巴巴注资"去哪儿网"，通过投资一个网站，进而结合自己的宣传渠道，打造了一条阿里巴巴的专属旅游通道；腾讯公司 2014 年投资京东，实现了 QQ 对话框上的京东广告海量宣传，令京东销量直接翻倍，这是腾讯在发展不利的情况下，打造的又一条零售电商资产链。

投行思维下商业模式的升级是无止境、无边界的。企业的发展过程中可以根据自身实力构筑不同的资产链，为投行模式落地打好根基。

本节内容不仅在理论上指导我们如何将投行思维运用到商业活动中，更在讲述如何利用投行思维让价值由"石墨"变成"金刚石"，且不盲目、有章法。

方法：人尽其才，物尽其用，钱尽其转

当"互联网+"思维还在天空飞翔时，却有人已从另外一个角度审视这片土地。投行思维告诉我们：看一个人能够在一方土地上掀起多大浪潮，要看他手中拥有多少资源，能够调配多少资源。

如同寻找宝藏，若要获得金子（获得丰厚资本回报的洼地），需要拥有的第一种资源便是地图（获取回报的操作方法）；其次是交通工具———辆自行车或者一辆汽车（相关中介服务）；最后就是你和我，你是指战略合作伙伴或者客户，而我则是指企业管理者或是项目发起者。

这便是投行思维的经营方法。运用这种方法，涌现出来的都是追求致富梦想的人，但一切必须以人、财、物为核心，并对这些进行合理地调配。

人尽其才

充分发挥每一个人的能动性，是每个企业经营者耳熟能详的道理，但是，能够真正做到的没有几个。

对于企业经营者来说，也许将人尽其才看得过于复杂，其实不必这样。让每个人的能动性都充分发挥出来，其实是企业经营者与自己的一场博弈活动，即企业经营者管理观念、方法从非理性到理性的过渡，从二次元到多元化的转变过程。期间，企业经营者的管理思想、管理智慧起到至关重要的支撑作用。

以往，企业没有真正从思维的角度进行深度思考，只是刻板地在制度、考核等方面做文章，这样一来，得到的效果往往不尽如人意，甚至令人大失所望。

投行思维能够从问题的深处给出一个漂亮的答案：让人从思维深处明白什么才是真正的人尽其才。

物尽其用

2018 年 9 月 19 日，上汽集团在第 20 届中国国际工业博览会上一举拿下"中国国际工业博览会创新金奖"。近三年上汽集团获得国家科学进步奖、中国汽车工业科学技术奖、上海市科学技术进步奖共 55 个奖项，包括"国家科技进步二等奖"和"中国汽车工业科学技术奖一等奖"等获奖项目。

看看上汽集团的发展目标，或许你会对上汽集团之所以能够成功的原因有所了解。围绕创新驱动、转型升级，上汽集团的目标就是要成为具有国际竞争力和品牌影响力的全球布局、跨国经营的世界著名汽车企业。

一直以来，上汽集团都在积极布局，力争通过资源的合理极致运用，在新的产业价值链中快速抢占先机。

在价值链前端，为了进一步做好产品和服务，深化品牌在市场中的地位，上汽集团以自主品牌建设和核心技术能力提升为核心，将未来产品的差异化优势集中在"新能源 + 互联网 +X"等高新技术组合上。

其中在前瞻技术方面，上汽集团寻找新的差异化优势突破点，与资本结合，进行新技术的开发运用。例如，上汽集团在美国硅谷成立的风投公司，成功发挥了窗口与触角的作用，在资本方面为上汽集团新技术、新概念、新模式的发展保驾护航。

在价值链后端，上汽集团选择在两方面发力：以"车享网"电商平台为基础，加快打通线上、线下资源；促进金融业务发展，推动特别是互联网金融服务发展。

在价值链前后端结合方面，以上汽集团与阿里巴巴共同开发的智联网汽车平台为代表。2019 年 8 月，上汽集团与阿里巴巴签署战略合作协议。根据协议，双方将共同打造面向未来的下一代智联网汽车。双方共同投资成立了互联网汽车平台斑马网络，通过战略重组，双方将扩大合作范围至汽车出行平台、自动驾驶、汽车行业云等领域。

上汽集团这一系列布局、资源的配置，都在向人们展示着其创新的未来。

钱尽其转

谁是产品不断面向市面的推手？钱。正如上文所言，以钱为支柱、为纽带，才能将各方优势资源有效链接，进而创造出符合市场的产品。

回溯到 20 世纪末的 90 年代，100 万元是怎样的概念？而那些拥有 100 万元却一直存在银行里不肯动用的人，目前又处于什么境况？

我宁可相信 2000 年时大家用 100 万元购买了许多奢侈品，而且被迅速挥霍一空，也不愿相信大家把 100 万元存进了银行。

因为即便挥霍了 100 万元，至少大家享受了高品质的生活，钱的作用，钱的意义得以体现；而 100 万元存入银行，产生的意义和结果是相同的，即：贬值。

这种逻辑同样适用于企业。

企业在发展过程中，需要不断配置手中的资源，货币自然包括在内。如果企业将盈利，全部存放在银行，无疑是一种不明智的举动。毕竟现金货币是企业最重要的资源之一，是企业发展的先决条件，所以，企业需要将这些钱变活，让它流动起来，而通常的做法就是投资。运作公司，无非是做好三点：人尽其才，物尽其用，钱尽其转。而这正是践行投行思维的三大方法。

能力：画饼、拼图、避险

在中国这块土地上，孕育着玫瑰色彩的市场，令众多企业为之奋斗拼搏。最经典的案例莫过于柯达公司，其公司总裁曾表述："只要中国有一半人口每年拍一个 36 片装胶卷，已经足以将全球市场扩大 25%。中国每秒多拍摄 500 张照片，便相当于多了一个规模等同于日本和美国的市场。"

显然，柯达公司的结局阐述了一个事实：雄心有余，能力不足。柯达不但没有在中国市场风生水起，甚至因为错误的判断，没能抓住数码相机的机遇，最终走向穷途末路，无奈宣布破产。

对于企业在中国大地上乃至世界范围内发动的一场场颠覆性地占据市场的革命而言，企业面临的真正压力不是如何让经济快速增长，而是如何有能力让经济持续快速增长。这是企业需要思考的问题。

以保险企业为例。由于保险是一种对未来风险和意外提前做准备的无形产品，同时基于人们对风险、意外的薄弱意识，因此，相当一部分人完全没有购买保险的打算。此时，保险公司要维持日常的经济增长速度，或者增长经济的发展速度，就必须具备一定的未雨绸缪、"排兵布阵"的能力。

投行思维"画饼""拼图""防险"的能力，显然是企业经济持续快速增长的不二之选。

画饼

与人们口中常说的带有"纸上谈兵""不切实际"等贬义意味的画饼不同，投行思维中的"画饼"是一种立足时代发展潮流，并结合企业自身发展现状，为企业谋划发展之路的切实能力。

2015年3月，凯撒（中国）股份有限公司（以下简称"凯撒股份"）宣布，通过向特定对象发行股份和支付现金相结合的方式，成功收购深圳市酷牛互动科技有限公司（以下简称"酷牛互动"）100% 的股权。

众所周知，凯撒股份主要从事服装设计研发、生产与销售。自1993年在国家行政总局登记注册中文商标以来，通过清晰产品定位，以文化内涵与社会内涵体现品牌背景和附着元素，在国内树立了"凯撒"高端服装品牌形象。

而成立于2011年的酷牛互动，则是一家专注于移动游戏的研发及运营的科技企业。看似毫不相干的两家企业为什么会结缘？显而易见，凯撒股份在竭尽全力为自己今后的发展"画一张大饼"，全面布局——通过成功收购酷牛互动，凯撒股份将由从事服装、服饰的设计、制造及销售企业转变为服装行业与网络游戏研发和运营并行的多元化上市公司，为公司植入互联网基因。

拼图

符合时代潮流是画饼的立足之本。既然名曰"时代潮流"，时代就宛若一条奔腾不息的河流，身在其中却不流动的一切事物，最终只能消亡。所以，在为企业画好大饼之后，不是毫无方向、一味地埋头苦干，偶尔也要抬头望一望，确定企业是否偏离了既定的轨道，而这又将涉及投行思维的另一种能力——拼图。

拼图本是一种变化多端、难度不一、令人百玩不厌的智力游戏。游戏过程中，我们拼凑的不仅仅是一张图片，而是一段回忆、一个故事，更是智力的表现、能力的体现。毕竟每一个单片都有自己特有的位置，被放置于正确的位置，一个丰富的故事便展现在人们眼前，反之这幅图画就不是一个完整的存在。

企业更是如此。方向的选择、资源的配置、用度的调配等，一旦其中任何一个事物被错误放置，也只能感叹"差之毫厘，谬以千里"。

凯撒股份成功收购酷牛互动可谓打了漂亮的一仗。然而，随着游戏行业 IP（知识产权）争夺白热化，凯撒股份"所画的大饼"并没有彻底打响，其想要进一步在互联网文化产业布局，还需要进一步的"拼图"——各方面的配置、调度、选择。

这一点，在凯撒股份 2014 年度业绩说明会上，尤其是公司总经理吴裔敏在其微博上曾明确表示，在收购项目方面，目前正在寻找合适的标的，以视频、IP、游戏相关的产业链公司为主。

与此同时，深圳国金凯撒创业投资企业（以下简称"凯撒创业"）正紧盯着一只猎物——杭州幻文科技有限公司（以下简称"幻文科技"）。2014 年以前，幻文科技主要以文学在线阅读平台运营为主，以移动互联网、优质版权为依托，通过自有在线阅读平台获取作者文学作品版权，并通过与各阅读平台联合运营获得内容分成收入，已与多家知名网络文学公司及优秀出版机构开展战略合作，全面布局"泛娱乐"战略，打造"幻文互动娱乐"品牌。

毋庸置疑，幻文科技是国内 IP 运营服务公司。如果凯撒股份收购幻文科技，将对凯撒股份的互联网文化产业布局产生强大的推动作用，对公司在文化创意产业方面的发展具有重要的意义。

于是，凯撒创业作为"中介机构"，将幻文科技推荐给了凯撒股份。2015 年 6 月，凯撒股份高举收购大旗向幻文科技发起了进攻。同月 16 日，凯撒以 5.4 亿元人民币成功收购幻文科技 100% 股权。

通过此次收购，凯撒股份旗下已经拥有了幻文科技和酷牛互动两家在 IP 资源领域都非常强大的公司，同时两者可以进行深度合作，尤其是深度合作产生的协同效应在未来也能保证凯撒股份更好地发展。

经过一系列收购、凯撒股份如今已经转型为以精品 IP 为核心，从事手游研发与发行、动漫出品与投资、影视剧出品与投资、互联网文化产业投资等的泛娱乐公司。

避险

事物的发展是不受控制的，风险总是存在的。正如上文所说，尽管凯撒股份在画饼、拼图方面有极强的能力，但是市场的发展总存在着不稳定性。

企业若想跻身这场洪流波涛中，即使不能稳步前行，也要保证生命体征完整这一目标，但只具备画饼、拼图这两种能力远远不够，还要有防范和抵抗风险的能力。也就是说，企业经营者要尽力采取各种方法降低风险发生的可能性，或者把风险控制在一定范围内，争取将自己受损害的概率降到最低。

这一点，在这里不再多做介绍，相信企业经营者也能意识到防范风险的重要性，毕竟每个企业经营者的目标应该都是要把企业做好。

技巧：方向选择，顺应人性

设计师的天性就是关注新鲜、有趣、个性的事物，"设计联"更是以原创设计为经营主题，基于此原因，"设计联"成立后不久微信粉丝就突破46万人，成为国内领先的设计"品牌"。

设计师的工作除了为客户设计出好的方案以外，还会向客户推荐优质的装修材料、装饰商品，这样一来，设计师又变身为销售人员，根据客户个性化需求，设计相应的设计方案，推荐合适的材料。

作为客户，在看到设计师为我们设计的装修方案，听到设计师为我们推荐的装修材料后，会不会采取、采用？几乎百分之百的人都会选择接受。因为，此时设计师充当的是"班主任"的角色，宣布的任何活动、布置的任何任务，基本上没有人持反对意见。而"设计联"的盈利点就起于此，因为，"设计联"在连接诸多设计师，为客户提供更高效设计的同时，还会整合市场中各个装修材料、配饰、家具企业，用以更好地满足不同客户不同的装修需求。

无论你的诉求多么千奇百怪、个性独特，都可以在"设计联"得到满足。因为，它是中国设计界自媒体，中国最大规模的设计师自组织，中国最强设计师微信关系联盟——拥有46万名中国各领域设计师。

然而，"设计联"不单单只是这样的存在。

"设计联"更是中国最受关注的设计师微信公众号，每天10万余次微信阅读，是中国最权威的设计分享平台，影响着包括建材、装饰、装修在内的很多人。

试想，对于客户，市场中大部分的企业都习惯从内心出发做事情，正如"设计联"这样一切为了客户，企业何来不发展之说。

这也正是投行思维所强调的技巧——方向选择，顺应人性，而这一技巧，不仅适用于客户，更适用于员工。

某工厂体恤员工辛苦，为员工免费提供米粥，每到吃饭的时候就用大桶盛满，并特意安排分粥工为排队的员工盛粥。心意虽好，但随着时间的过去，问题出现了。分粥工明显公私不分、徇私舞弊，和其关系好的就多盛，关系不好的就少盛；有时一些员工重复盛，导致排在队伍后面的员工没有粥喝。

为了解决这一问题，工厂安排了一名监督工，监督分粥工工作的公平性。但是，随着监督工与分粥工的熟络，老问题再次出现。随后，工厂将其更换，重新安排了监督工与分粥工，但是问题仍没有得到很好地解决。最后，工厂决定几个监督工轮流监督一个分粥工，表面看问题解决了，其实治标不治本，因为浪费了大量的人力成本，组织也呈现臃肿现象。

工厂的故事从正面告诉我们一个机构组织臃肿是如何产生的。同时它也告诉我们，一个公司任何事情如果只能依靠监督来进行，那么公司的管理是低效的。

因为，管理出现误差才是企业出现问题的导火索，而最聪明的管理技巧莫过于顺应人性，其次才是依靠流程、制度。虽然针对的对象不同，但显然"设计联"是这样对待客户的。

其实，工厂可以拿出一个更好的解决方案，那就是完全不必设置监督工一职，只要让分粥工作为最后一个喝粥的人即可。为什么如此设计？因为这样的设计符合了人性，毕竟人生来就具备趋利避害的本能。

幸运的是，工厂也悟懂到其中的道理——任何制度的设计都必须建立在顺应人性的基础之上，违背它如同违背了自然规律。

人性是什么？满足需求、趋利避害。显然企业在选择前进道路的时候，只有理解人性、顺应人性，才能真正得到能够促进企业发展的力量。

结果：商业模式的颠覆与重构

投行思维犹如一股热浪，深受经济界、产业界的喜爱。那么，投行思维的经营逻辑到底为各行各业带来了怎样的改变和颠覆？

放眼天下，那些在商场中被众人膜拜的企业，无不在上演着颠覆、重构的进化戏码。如果将市场看作是商业生态圈，杰出企业的发展史犹如一段进化史，每个人都懂得物竞天择、适者生存的道理，每个企业都在努力成为生态圈的生存者和操控者。

因此，投行思维能否为企业带来改善和颠覆，能否让企业重新成功融入商业圈中，需要我们不断深思。那就让我们带着这些疑问，进行一次思想远行。

以北京一个以互联网、移动互联网为工具，以4~12岁儿童为客户群体，向儿童教育机构提供增值服务的企业为例，我们姑且称其为A公司。如果将A公司的业务详细划分，主要分为 2B 与 2C 两部分。2B 业务即向线上儿童美术培训机构、儿童动漫内容商及衍生品、线上儿童教育娱乐机构提供增值服务；2C 业务即向客户提供绘画作品、衍生品定制服务。

A 公司有一个伟大的愿景，即"做中国领先的儿童互联网娱乐和兴趣教育产业的整合者"。

然而，A 公司的经营并不是很顺畅，尽管有幸获得知名天使投资人注资，但获利仍不是太理想。为了摆脱困境，A 公司正式推出互动娱乐网站，尽管公司想尽一切办法宣传业务，效果仍然欠佳。于是，A 公司决定运用投行思维，以此来提升市场的先发优势。

那么，投行思维是否会让 A 公司满意呢？

A 公司引入投行思维后，对公司的经营模式进行了全方位分析。

在所有与网络有关的公司中，B2B 部分的业务想要进入良性发展，离不开大量的活跃终端用户作为基础。

A 公司的活跃终端用户是谁？父母。父母为了让孩子能够获得更好的成长，会倾尽心血。

凝聚终端客户的方法数不胜数，A 公司在网上展示孩子才艺作品的做法无疑是最简单且可行的，但是这种方法在网上泛滥成灾，在这方面，A 公司并不占明显的优势。

但是，A 公司将孩子展示出的才艺作品，制作成毛绒玩具，确实是一个新鲜的点子，这也是 A 公司区别于其他企业的重要标志。遗憾的是，这种做法存在一个致命的软肋——价格成本高。将一个绘画作品转变成一个立体设计，再加工制成毛绒玩具，涉及玩具设计、依图复样、立体制版、裁剪缝制等多种综合能力，人力成本相对较高。而且，因为每件毛绒玩具大多为单件手工定制，难以达到量产，所以最后成型产品的价格很难有效降低，虽然用户上传了很多图画，但下单定制玩具的实际比例可能比较有限。而且定制的毛绒玩具用途单一，除了孩子的父母，其他人购买的可能性相对较小。因此，A 公司在这一方面获得的利润微乎其微。

利用投行思维仔细分析，定制毛绒玩具业务的本质是儿童绘画创意的产品再加工，其中有两个要点：

首先，修整、优化基础创意。孩子的思想无拘无束，绘画出的作品自然也是千奇百怪，但这就是 A 公司最大的优势。天马行空的思维，总能创作出令人眼前一亮的形象与色彩组合，以此直接做成毛绒玩具，在线条控制、构图比例、色彩均匀性等质量指标上必然占据不了优势，但只要让专业美工人员参加后期的优化、制作，作品的品质将能得到大幅提高。

其次，只要载体合适，二次加工的产品便能具备上市流通产品的商品特性。如果再将产品的特性加以延伸，其受众群体也会随之扩大。

明确发展方向后，在保留定制玩具以吸引特定客户的基础上，A 公司利用投行思维的经营逻辑做出了以下调整：

首先，聘请初级平面美工技师，在保持原稿创意的基础上，让其进行修整与优化。

其次，扩充产品线，增加载体，让产品从单一的毛绒玩具中抽身，进一步扩展到日常家居领域，以提高产品渗透度、客单价，增加利润。

由于产品功能在实用性方面超越了玩具这个单一范畴，有可能吸引到更多的常规消费者。

此外，通过逐一、单独的手段将凝聚的爱好绘画的孩子及家长转化为精准目标客户。

因此，按照投行思维的经营逻辑，A公司采用线下组织孩子活动，线上引导家长互动的方式转化目标客户。其中，比较理想的做法就是，A公司与社区强强联合，在社区定期举办免费画展、亲子绘画活动，按区域将家长批量导入线上的社区群组，并鼓励家长将孩子的绘画作品上传至线上虚拟的画廊，通过每周评比、免费赠送作品、定制家居用品等方式来吸引客户。

这种方式，采用的就是以孩子为"诱饵"，组织社区活动，通过微信、微博等移动互联网工具将家长凝聚在一起。待家长在线上沟通达到一定数量后，再以培训团购的方式适时引入美术培训机构所提供的增值服务。这无疑为A公司带来了可观的收益。

投行思维的特殊经营逻辑果然不负众望，成功实现了儿童美术培训机构商业模式的颠覆与重构，让走传统商业模式路线的A公司读懂了商业生态圈的进化法则，借助投行思维，成为市场的引领者。

【投行思维航标】

当智慧和资本走到一起，企业发展速度便在不经意间呈现出几何级数的增长。

而投行模式在企业与资本之间架起了一座桥梁，形成了一个经营企业的逻辑体系，搭建出一条投行思维的践行之路。

在这条道路上，有着清晰的操作步骤，为企业指明前进的方向。

然而，变革每天都在发生，投行思维也要与时俱进，时刻为商业模式提供创新驱动。

第六章

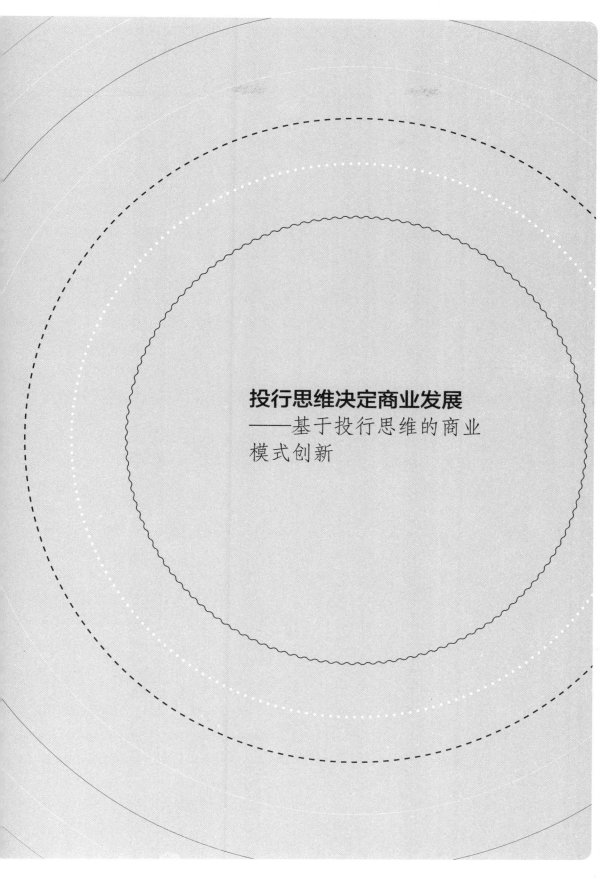

投行思维决定商业发展
　　——基于投行思维的商业
模式创新

颠覆传统商业模式的三大手法

很多企业家从广告、营销、产品、技术等较为单一和平面的角度考虑企业发展，而没有留意强化商业模式的重要性，其实能否颠覆传统商业模式才是影响企业生死的根本性问题。因为，只从营销等技术层面来思考企业发展终究是以偏概全。

基于此，很多企业家又开始依靠商业格言的力量重新构建商业模式，如"快鱼吃慢鱼""做大才能做强""一流的企业做标准，二流的企业做市场，三流的企业做产品"等。然而，这些商业格言其实都有其存在的先决条件，当这些条件不存在时，断章取义地运用这些格言只会使情况变得更加糟糕。

条件改变，结果不同，但是，底层规则——商业模式是不变的。

关于商业模式的研究，是近年来的一个热点，各种论述百花齐放，而涉及本质的、行之有效的创新意见，并不多见。对于企业家来说，知道和做到是两个完全不同的概念。

此外，对商业模式的把握，还需从一系列基本问题说起，在科学的工具与客观思维的基础上，剖析商业模式的真面目，以掌握最有效的创新方法。在此总结为颠覆传统商业模式的三大手法。

手法一：发现需求，反向匹配资源

这一过程其实就是重构交易链的过程。需要注意的是，我们不能只关注自己，应该从别人的问题入手，反向匹配资源，透彻理解市场的痛点。焦点在于发掘真正的需求，以此为基础，颠覆传统的交易结构。

某网站成立于 2018 年，创始人将网站定位于中高端宴会与会议活动，并为客户提供婚宴酒店预定、海外婚礼与蜜月旅行平台等便捷性服务。经过团队调查、研究、讨论，将网站用户群体横向发展，而且服务范围扩大，以整个珠江三角洲为主，盈利模式则以收取佣金为主。

但是好景不长，该网站仅仅运营了一年多的时间便出现了问题：一是合作商家的积极性逐渐降低；二是客户来源逐渐减少。

想要发展就必须将这两方面的困难解决掉，但该网站又在客户需求与可选择商家之间徘徊不定。这种现象就如同世界上是先有鸡还是先有蛋，让人困惑难解。客户需求与可选择商家是因果关系，两者相辅相成又相互制约：没有客源商家自然没有兴趣签约，而没有商家客户同样也不会签约。显然，如果这种交易结构持续下去会逐渐转变为一个死结。所以，想要发展，该网站必须快刀斩乱麻，挖掘真正的需求点。

该网站瞄准的市场是活动预定平台，看似市场广阔，但是已经丧失了商业模式竞争优势；其次，其消费者目标群体广泛，无法得到所有人的认同。

既然找到了问题的根源，便可以针对性地进行解决。比如，该网站可以从交易链角度出发，重新定位客户做集成服务商，即不再将注意力集中在客户身上，而是转移到婚庆公司与商务礼仪公司上，随后，根据消费者需求针对性地增加某一类供应商数量。

在这个基础上，该网站可以通过长租或代理等方式降低成本、提升利润空间，并进一步对优质资源进行垄断，建立核心竞争力。

手法二：成就自己之前，先成就别人

客户的需求得到满足，才是一个商业模式得以成立的前提条件。以此为基础，才谈得上企业的利益得到实现。不难看出，这是对传统利益链的颠覆。因为传统利益链通常是"以己为本"，先填满自己的腰包。其实，只有让别人先挣钱，让他人尝到甜头，别人才会死心塌地地跟着你去拼杀。我的一个老乡就是这样总结的。

那时他决定开一家快递公司，于是根据当地城镇区域分布情况，广招区域负责人，并打出"一千元就能做老板"的招商语。

如何操作？如果有人愿意承包某一区域的快递工作，承包人交纳 1000 元承包金，他则赠送其富含更高价值的快递单 1000 张。何出此言？假设从广州快递一个商品到北京，需要收取 15 元快递费。此前，承包人 1000 元购买了 1000 张快递单，相当于一张快递单的成本费为 1 元，此时承包人收取 15 元，相当于净赚 14 元。也就是，每一份快递，他只收取承包人 1 元，将利润全部让给承包人。

此举显然极具诱惑，人们纷纷加入。

表面上他是在做赔本买卖，但事实并非如此。因为，他深谙"成就自己之前，先成就别人"这一道理。

如此一来，区域承包迅速完成，而且他的快递公司，号称服务好，连快递单子都不需要客户自己填写，因为每一张快递单是要计算其个人成本的，客户一不小心填写错误，收件人要自己买单；另外，他的快递员不需要管理，因为所有的快递，他们赚的是大头，老板赚的是小头。

手法三：同样的客户需求，尝试用各种不同的方式来满足

其实，这个过程已经揭开了成功交易的一个秘密，即重新构建一套能够推动企业发展的交易系统。但这个交易系统要求"去机械化"，也就是说，要有完善的交易思想、细致的市场分析和整体操作方案。说得再通俗一点，就是面对同样的客户需求，要学会用各种不同的方式来满足。

在商场厮杀中的赢家都有自己的交易系统，这几乎也是"购轻松"每天都在做的一件事。

"购轻松"是一款购物 APP 应用，无论你是在家中还是在上班的途中，通过手机便可以翻看商品信息，只要轻轻一点便可以获得各大商场最新产品的相关信息以及促销信息，并将喜欢的东西放入购物车中，等到周末和闺蜜、朋友一同"血拼"。

显而易见，"购轻松"旨在满足消费者简单、方便、省时、省力的购物需求。然而，"购轻松"将各知名大型商场信息囊括在内，看似前景广阔，实则存在不少弊端。例如，下载用户过于分散，而且数量不够庞大，同时"购轻松"的盈利需要依靠导购分成。

面临盈利少、用户少等硬伤，创始人陈衍不得不选择更好的发展模式与路径，重新构建交易系统——面对同样的客户需求，争取做到使用不同的方式满足。

于是，"购轻松"在服务方式上进行了重大变革。首先，集中重点城市进行城市推广，提升用户活跃程度。尤其是对相关产品进行细致分类，将重点放在用户实际关注的产品上，抓住用户的眼球。

其次，以知名品牌为入口，延伸销售非知名品牌，向用户推进新产品信息。同时，采取线上线下虚实相结合的营销模式。

再次，"购轻松"为客户提供知名品牌时，还能够为用户提供款型类似、价格较低的产品。

最后，"购轻松"通过与商家谈判，获取低于普通店面折扣的价格，争取让客户最大程度地购买到质优价廉的商品。

除此之外，"购轻松"还采用了虚拟橱窗以及虚拟货架进行扩展，将产品目录可视化，可以让客户随意挑选。关键是，这种虚拟橱窗可以为"购轻松"增加新的盈利点。

我相信，看到这里，颠覆传统商业模式对于一个企业的重要性，已经不言而喻了。

创新商业模式必须回答的五个典型问题

如何创新商业模式？在企业界这是一个正宗的中国式拷问。说好听点，是考验创业者如何把养家糊口的饭碗打造得越来越瓷实；说难听点，就是磨炼创业者有道德地把别人的钱转移进自己腰包的技能。成功了，被尊称为创新标兵、企业模范；失败了，就是不知天高地厚、不撞南墙不回头的二愣子。成王败寇，在商场上体现得更加淋漓尽致。

而在我看来，商业模式的创新逻辑，只需要完美地回答五个典型问题：

赚谁的钱？

如何赚钱？

凭啥你能赚到钱，而别人不能？

能赚多少钱？

能否持续赚钱？

别小瞧这五个问题，一百家企业中，对答如流的企业不会超过三家。仔细看看这五个问题，句句不离"钱"字。钱是什么？不就是价值的体现嘛？

所有的问题都是围绕着价值来展开的，所有华丽的外表下，实质上就是一场关于价值转换的游戏。

对于任何一个组织，无论是否涉及商业活动，都存在一个运作模式的问题。创新商业模式不仅体现了一种企业经营的理念，同时更是企业站在一个新的高度去实践、去创造。

企业生存的使命就是创造价值，获取利润。企业因为能够创造价值而具备存在的合理性，价值的实现和创造是企业一切活动的核心和目标。所以，从本质上看，商业模式就是一种价值转换机制。

赚谁的钱

赚谁的钱，其核心就是企业的价值主张。

价值主张，即企业有客户所需要的以"价值"为载体的物或者服务，当企业用"业务系统"和客户之间进行链接的时候，就发生了商业活动。

价值主张是商业模式思维的起点，并依此衍生出顾客驱动的逻辑，但这仅仅是一个起点。

简单表述就是，首先明白"我"是谁，"我"具有怎样的资源（能力）和禀赋（使命），"我"为什么能提供有价值的产品和服务。以上问题清晰后，开始去寻找市场中的"他"，"他"即客户，"他"的需求正是"我"可以满足的，与"我"可以匹配。

这个价值的匹配过程，意味着价值供需关系的合理化。

用营销术语来说，当我们寻找到了潜在的匹配对象时，我们就找到了一个"市场"，这个市场之所以存在，是因为其中存在具有特定需求的客体。

也就是说，谁能找到这个问题的正确答案，谁就找到了对于客户来说真正有意义的需求、产品或者服务。

农夫山泉赚谁的钱？精准定位的话，它瞄准的是重视健康、追求健康这一类人群的钱包。

农夫山泉留给消费者最大的印象是"有点甜"，正是这个亮点让农夫山泉在众多矿泉水品牌中脱颖而出，拥有大量的消费者。

最初，农夫山泉在研究纯净水水质时，发现纯净水缺少人体必备的少量元素，不利于人体健康。于是，农夫山泉在少量元素上做文章，让消费者知道农夫山泉的优势是纯净水不可比的，即拥有微量元素，符合人体健康的标准。

试想，随着生活水平不断提高，人们越来越注重饮食上的健康。相对于其他矿泉水来说，农夫山泉既能满足人们健康的诉求，且价格公道，自然受到消费者的青睐。

农夫山泉提出的"有点甜"本身的价值很大吗？并非如此。所有的矿泉水口感差不多，几乎都具有微甜的特点。然而，农夫山泉提出的观点可以钻进消费者心里，提升了农夫山泉的价值。

读到此，我们不得不佩服农夫山泉利用价值主张占领高地的手法。

如何去赚钱

"如何去赚钱"其实是通过梳理"赢利－成本"之间的关系，构建特定的盈利模式。

盈利模式，涉及两方面的关系：谁向我付费，我向谁支出？向我付费的是客户，我需要支出的是协力者，包括上下游供应商、合作伙伴以及员工。

那么，如何做到向我付费的更多，而我需要支出的更少，最终实现赢利的最大化，就是价值实现的一种过程。

商业行为天生以逐利为生存法则，利益计算、各方关系的平衡，设计得是否恰到好处，决定了企业和客户能否在业务系统里顺畅地实现对接。

一个不争的事实是，"如何去赚钱"是一个解决盈利的问题，更是一个解决生存的问题。

凭啥你能赚到钱，而别人不能

"凭啥你能赚到钱，而别人不能"其实是在区分企业的使命、禀赋、资源和能力。

这一过程对应的是创造价值。因为价值的创造取决于要弄清"我是谁"以及"我可以成为谁"的问题，方可以真正理清后面的一系列问题。于是，做什么产品、做什么服务，便可以逐一清晰了。

每一个独特的主体，必然对应某些独特的使命、禀赋、资源、能力，而最终使之有别于市场中其他的主体。

为人父母者无不感叹，养育一个孩子是多么得不容易。特别是在哺乳期，很多父母常常为了更好地喂养好孩子竭尽全力。母乳少了，奶粉补上，奶瓶也要最高级的、最安全的、最健康的、最方便的。

然而，用 PC 材料或其他含有双酚 A 的材料制作的婴儿用品会对健康造成严重威胁，甚至会引起各种疾病。

显然，这又延伸到了一个民族和国家生死存亡的问题。于是，2011 年 3 月和 2011 年 6 月，欧盟和中国先后宣布禁止销售 PC 和其他含有双酚 A 的材料制作的婴儿用品。

市场的急剧变化，令人们瞬间陷入一种恐慌，究竟什么样的哺乳用品才是安全的？

站在道德的层面来说，如果谁能够快速地让自己从小我走向大我，践行自己的使命，独乐乐不如众乐乐，想不成功都难。

所以，东莞希贝公司迅速做出了一个决定，将研发的重点转移到婴幼儿餐具上来，选择从硅材料入手，研究和开发硅胶婴幼儿奶瓶奶嘴，因为硅材料耐用且对人体几乎没有危害。

从宏观的角度来说，希贝公司是在凭借大义赢利；从微观角度来说，他们是在依靠解忧获利。

能赚多少钱

"能赚多少钱"这个问题，其实是企业独特的业务系统对参与商业活动的各方之间利益分配的政治主张。

什么是政治主张？孔子讲仁政，孟子讲"民为贵，君为轻"，政治主张即君主在庙堂之上所应遵守的思想法则。在这种思想法则下，君主以身作则并治理整个国家。

殿堂之外，企业的政治主张是，一个要求在所有员工心目中成为"神"的管理者，应该成为一个"懂得给予，敢于舍得"的智者。

这就等于解决了价值分配的问题。

通常，会赚钱的人，还不是最成功的，会分钱的人，才会笑到最后。会分钱，也就是善于将价值成果进行分配，以保证对利益各方的持续驱动，继续这个商业游戏。

"海底捞"对待员工非常好，例如，"海底捞"的店长只要工作超过一年，在离职后会得到额外的 8 万元补助。

为什么？

因为"海底捞"之所以能够发展到如今的规模，每一位员工都为其做贡献，而做店长满一年的员工更是为"海底捞"做出了巨大贡献。

每个交易行为本身，应当设计一个各方皆大欢喜的结局，才会有更多的人投身参与。

对于终端顾客来说，主要的满足来自产品功用和心理满足，当得到了预期的产品和服务后，即产生了激励效应，也就是客户满意。对于上下游企业来说，获得了产业链上的利益和满意，获得了应该得到的利益份额。对于员工来说，作为企业的一分子，获得了足够的个人收入，这也就完成了对内激励。

创新商业模式的真正高手一定也是价值分配的高手。他深谙没有人可以独霸天下的道理，善于将利益以最有效的方式分配给参与游戏的各方，在看似普通的交易结构中，我的利益与我们的利益是完全融合在一起的，无论股东、客户、员工还是供应商、渠道伙伴。而每一笔分出去的钱最后都会神奇地倍增回来，因为在这个系统里，每个参与者都是动力引擎，他们的合力让事业进入一个新的高度。

能否持续赚钱

"能否持续赚钱"这个问题，其实是在为企业构建可良性复制的业务过程，保障企业交易结构和现金流。

这一过程属于价值结果，也可以说成是，为价值找到一个归宿。

以华为笔记本为例。

众所周知，华为是全球领先的信息与通信技术（ICT）解决方案供应商，其广为人知的产品是终端路由器、交换机、手机等，2016 年，市场上却出现了华为牌笔记本电脑，受到消费者广泛关注。依托华为公司强大的技术、资源、品牌优势，华为的笔记本电脑迅速打开市场。根据知名市场研究机构 GFK 发布的调查数据，2019 年 5 月份的笔记本电脑市场品牌占比，华为品牌的笔记本电脑市场份额达到了 8.6%，荣耀品牌的笔记本市场份额达到了 5.3%，华为以 13.9% 的市场占有率位居排名第二，将很多老的笔记本电脑品牌抛在身后。对于这一数据，在 2018 年 5 月份华为和荣耀品牌的笔记本的市场占有率都不到 2%，可见华为笔记本电脑发展之迅速。

然而，华为推出笔记本电脑的过程并不是一帆风顺的。联想、惠普等笔记本电脑巨头在市场深耕数十年，品牌深入人心，在品牌号召力等方面远强于华为，后者短期内无法赶超。而且，这些老牌笔记本品牌的产品线非常丰富，产品覆盖轻薄本、游戏本、台式机、一体机、二合一等诸多形态，品类更加细化，还有各种子品牌的推出，完全覆盖了从入门到高端、从游戏到商务等各个品类。而且，它们的销售渠道已经成熟，线上平台、线下渠道全覆盖，三四线城市和县镇也都牢牢把控。这给华为打入市场带来了重重阻碍。

华为并没有自暴自弃，而是总结经验、分析自身不足，努力打造自身特色。作为国内的科技企业，华为一直致力于技术的积累与持续性的研发投入，每年的研发投入都排在全球前列。从华为的产业生态链上来看，其产品在消费市场的产品已经覆盖手机、平板、手表、路由器、交换机等产品，在生态链上的重要一环电脑则是缺失状态。通过整合自身技术优势，发掘消费者痛点，华为在笔记本上不断进行技术和设计创新，如弹出式摄像头、多屏协同、一碰传等。凭借坚实的品牌基础和优良的品质，华为在笔记本市场迅速打开缺口。

事实上，华为布局笔记本电脑领域并不是一时心血来潮，而是有着自己的长远战略规划。

2019 年 6 月，华为终端提出将实施"1+8+N"全场景智慧化战略，"1 个太阳"指的是手机，"8 个行星"指的是平板、TV、音响、眼镜、手表、车机、耳机、PC 八大业务，而"N 个卫星"指的是移动办公、智能家居、运动健康、影音娱乐及智能出行各大板块的延伸业务。2016 年就开始布局的笔记本电脑业务，正是这一战略的重要一环。

华为公司在智能手机、交换机等产品上多年占据市场重要份额，获得大量现金收益，积累了深厚的品牌认知度和美誉度。这些都为进军 PC 市场奠定了资金和资源基础。

如今，PC 行业的供应链已经趋于完善，制造商很难在技术上突破并超越其他的公司。华为公司的笔记本也逐步走向正规化，出现了很多市场明星产品。2020 年，华为推出 MateBook X Pro 2020 款，4 月 15 日首销，1 小时线上平台即卖出 5000 台，首销当天全渠道销售额破亿，预计销量超过 1 万台。华为的 PC 业务逐渐步入正轨，也开始给公司带来源源不断的现金流。虽然 PC 业务给华为公司创造的利润远远无法与手机业务相比，但作为全场景的一个重要组成部分，获得消费的认可和信任才是最重要的。相信在不久的将来，华为的 PC 将会成为其全场景智慧化战略落地的重要入口，为广大消费者提供更加便利和精彩的生活体验。

这也就是我们所说的实现了交易结构、现金流保障，以及业务过程的良性价值重复。这种价值的背后是一种"吸引—相信—追随"的正循环。

可悲的是，无论是"大家（老学究）"还是"小家（企业管理者）"，都没有抓住商业模式最本质的特点，无法完整地了解商业模式的概念，又谈何商业模式创新？不是打肿脸充胖子吗？

为什么要构建双聚焦模型与楼式模型

模式思维不是捕风捉影的猜疑，而是一种能够洞察商业本质的能力。企业经营者如何做出决策，往往由其模式思维决定，最终采取什么样的行动方案，取决于商业模式。

因此，一定程度上，商业模式是企业发展的幕后推手。正所谓做企业如同万丈高楼平地起，想要从 0 到 1，首先要做的事情就是打牢根基——商业模式。

双聚焦模型

对于任何一个组织，无论是否涉及商业活动，都存在一个运作模式的问题。对于企业而言，商业模式不仅是一种经营思想的现实体现，更是一种经营体制。

企业的使命是创造价值，获取利润。企业因为能够创造价值而具有其存在的合理性，价值的实现和创造是企业一切活动的核心和目标。所以，商业模式从本质上看，就是一种价值转换机制。

尽管我们也可以从战略层面、管理层面及业务层面等对商业模式进行论述。然而，我们始终强调，应当化繁为简追本溯源，这一定义是以价值转换作为企业存在的最终使命而进行的阐述。当然，通俗来说，商业模式是"企业持续赚钱的逻辑"，这样更便于理解。可是，商业模式的中心，依然是"价值"。只要找到每个企业中价值转换的机制，也就找到了这个"持续赚钱的逻辑"，真正找到了它的商业模式。

那么，何谓价值转换的机制呢？这种机制，本质上指的是一种关联关系。而这种关系，可以用主、客、介境三个要素来进行一个完整的描述，英文简称缩写为 R-SOME。R：Relationship（关系），S：Self（主体），O：Object（客体），ME：Media-Environment（媒介与环境），如图 6-1 所示。

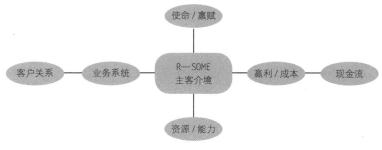

图 6-1　双聚焦模型

主体：便是"我"。"我"方，可以代表企业主、企业团队、公司、产品、服务。总体来说，因为这个主体具有资源和能力，或者具有特别的使命、禀赋，于是，产生了创办企业、提供产品和服务的意愿。这种使命和禀赋，以及资源和能力，是一种"驱动力"，是商业模式得以建立的内在源头。

客体：也可称为客户、顾客、消费者，是为所需的东西支付金钱的人或组织。其具有特定的需要被满足的需求。

图中的几个概念之间，存在着微妙的关系。主体所具有的资源、能力与使命、禀赋，在本质上是统一的，都是从主体出发建立这个商业关系的驱动力。资源、能力体现为外显的驱动力，使命、禀赋体现为内在驱动力。主体具有"价值主张"，即有客体所需要的以"价值"为载体的物或者服务，当主体以"业务系统"和客体之间进行链接的时候，也就发生了商业活动。所以现实存在的种种商业活动，本质上就是"主客"之间的一种关系。当这种关系稳固而良性的时候，"赢利"与"成本"之间存在着正向的差值，最终表现为"现金流"。

这种关系的实现，必须要经过"业务系统"和"赢利、成本"转换作为主客之间联系的桥梁，因此"业务系统"和"赢利、成本"关联因素也就是关系图中的"介质、环境"，简称"介境"。其中包括的具体因素有：原料供应、潜在替代品、正在进入者、产业环境、国家政策、科技变革等等，既有企业周边的具体因素，也有非针对性的宏观因素。主、客、介境的关系，以及各个元素之间的持续相互作用，最后体现为企业的生命力。检查商业模式是否成功，也可以换一种通俗的问法，即"这样的钱可以赚多久"？

接下来，我们拓展一下思路，看一下另一种双聚集模型，如图6-2所示。

主体的使命、禀赋和资源、能力，可以扩展为资本、经营经验。

业务系统的目标是维持有效的客户交易关系，而这种关系的延伸，最终便外化体现为品牌，包括：渠道品牌、终端品牌、行业品牌等。品牌实际上是主体价值对应到客体层面上的一种映射关系。

赢利、成本关系在财务上表现为现金流，良好的现金流是企业价值的核心表达载体。

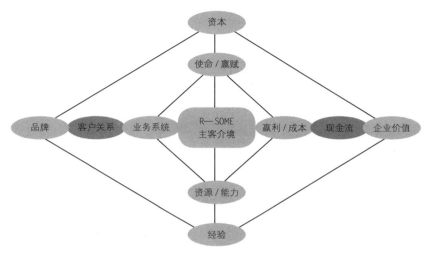

图 6-2　双聚焦模型 II

通过上面的内容我们可以得出，双聚焦模型和双聚焦模型 II，都反映了企业的动力学，指明了价值流是如何从主体转向客体的。

可以说，商业模式是企业价值转换的机制，而商业模式的两个中心则聚焦在客户价值和企业价值。客户价值，关系到企业给予顾客的最终效用，品牌是这一价值的最终体现。企业价值，在财务角度上包括多个指标因素，例如利润率、净资产收益率等，而最直观的指标反映则是现金流。目前的许多理论主要强调客户价值，对于企业价值的重视度不够。在我看来，企业是主体，顾客是客体，主客体是相互对应、相互依存，并不存在哪一者更重要的问题。它们的关系可以理解为一阴一阳，唇齿相依，不可偏废。若站在社会的角度来看，企业存在的目的，是为了满足顾客价值。若不能很好地达成这个使命，企业便没有存在的必要。若站在企业的角度看，顾客价值的实现，最终是为了实现企业价值。顾客价值只是手段，企业价值才是目标。

楼式模型

企业经营者对问题的思考程度，在实际的商业竞争中也会在同样的层次中表现出来。

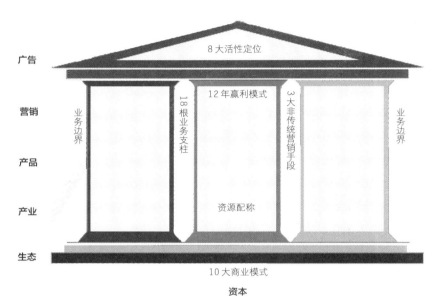

图 6-3　楼氏模型

大多数新生企业家，几乎都可以称为"产品专家"，在和风险资本沟通时，都会滔滔不绝，说出一大套产品知识来。但是，常常是越对产品熟悉，却反倒离这个行业的本质越远。这便是"只见树木不见森林"，更看不到森林之外。

从楼氏模型我们可以看出，从产品这一层往上属于企业的战术问题，可以决定局部问题的成败，从产品这一层往下则是战略问题，决定了一个企业的生死。我们的企业家每天花费最多时间纠结的是成败问题，却对于生死问题基本无视。下面我们从上到下逐层来进行分析，如表 6-1 所示。

表 6-1　楼式模型分析表

层面	阶段	因素归类	针对性	对企业的影响
微观	广告策略	卖点、呈现、媒介手段	企业之间的竞争	战术性影响
微观	营销策略	渠道利益的均衡	企业之间的竞争	战术性影响
中观	产品策略	开创新品类	填补区域和行业空白	战术性影响
宏观	产业模式	价值链的竞争	国家和国际形势	战略性影响
宏观	生态模式	生态系统和集群的竞争	社会发展的有效需求	战略性影响
宏观	资本模式	资本底层原动力的运转	社会发展的最终推动	战略性影响

1. 广告创新（价值沟通维度）

这几乎是企业商业活动链条的最末端，其价值和作用在整个链条上所占的比例，实际上并没有大多数人想象的那么大。只是人们常常面对和看到许多快速消费品的广告，而媒体天天与我们打交道的，也是这些洗发水、卫生巾、药品、饮料等消费品，因此各种极具表现力的广告噱头在很大程度上吸引了人们的眼球。当然，在终端消费品上，广告的作用确实非常明显，如日本的木村拓哉，曾被公认为亚洲的 fashion icon，他所广告的产品，无一不产生惊人的销售。

对于整个商业活动来说，广告的重要性往往被人为地过度渲染，当然这也是众多广告公司能存在下去的一个原因。

2. 营销创新（价值传递和渠道维度）

比广告创新更高一级的是营销创新。相对来说，如果有一个好的营销创新，哪怕广告创意平平也能产生好的销售效果。三株口服液和脑白金就是很好的例子，一个缔造出了墙体广告、海量散发宣传单和网络营销的创新营销方案，一个前所未有的创造了"新闻广告"的全新境界和"联销体"的营销渠道方式。

这两者广告创新可谓平平，甚至在一些职业广告人眼中视为低劣（当然实际情况是，即使在表现形式上较为普通，这些广告并不偏离策略），但这并不影响它们成为中国当时卖得最火的产品。不过众多的营销策划神话，也使大家过于迷信所谓"将梳子卖给和尚"的营销创新。

3. 产品创新（价值载体维度）

而超越营销创新的则是产品创新。有了一个好的产品创新，营销有没有创新其实并没有想象中那么重要。无论是小灵通还是短信服务，其当年在上市时并没有创造出任何让人印象深刻的营销和广告，但几乎所有的中国人都在使用，因为它们创造了一种前所未有的"功用"。

4. 商业模式创新

（1）产业模式创新（分工协同、价值装配与组合维度）

比产品创新更重要的是产业创新，到这个层级，才是真正意义上商业模式的范畴。这里首先需要考虑的是产业本身的前景，究竟是朝阳产业还是夕阳产业。在一个产业的导入期、成长期、成熟期还是衰退期进入一个行业并建立企业，绝对事关成败；在产业创新的基础上，再去考虑产品创新的问题，否则再好的产品创新也只是昙花一现。

例如曾任 TOM 户外传媒集团总裁的李践，就是一个产业创新的大师。他在1992 年创立了风驰广告公司，当其他广告人仍在广告和营销策划方面努力时，李践看到不一样的东西——户外媒体的可操作性。于是，他倾尽所有只为打造一个户外传媒公司。事实证明他成功了，其盈利额、公司综合排名就是最好的证明。而以风驰为核心的 TOM 户外传媒集团也毫无悬念地坐上"全中国最大的户外传媒集团"宝座。

（2）生态模式创新（激励相容、解决价值的反馈放大问题、机制）

产业创新的基础就是商业模式的创新，这就是大投资家和大策划师的玩物了。几乎从每家成功的企业里我们都能发现一种特定商业模式的存在。

耐克除了将核心业务，例如研发、营销、工业设计及制造标准等留在本部以外，其余生产业务都会外包到世界各地。耐克之所以采用这种商业模式目的就在于，利用区域性产融结合的形式打败对手阿迪达斯，进而坐稳运动用品第一品牌的位子。

另外山德士上校坐收品牌权益费，修正药业实行的行业价值链整合，霍英东创造的卖楼花模式……无不说明，每一种成功商业模式的建立，都是对商业生态系统深度把握的体现。

（3）资本模式创新（商业原动力因素）

所有创新的最高端形式是交易模式或资本模式的创新，这是商业社会的终极创新。

从某种意义上来说，股票交易所是世界上最大、最具影响力的创新。它的出现，让社会上的闲散资金与急需投资的项目得以迅速匹配，起到了兼顾"雪中送炭"与"锦上添花"的作用。而这种创新正是在洞察了人性"天上掉馅饼"和"一本万利"需求的基础上，推动了经济的快速发展，甚至将货币的生产力属性无限放大。

资本运作是商业模式构建的高级阶段，它往往就是通过建立新的规则来实现统领整个商业生态系统的有序运行的。

综上所述，我们可以观察到这样的一个链条：广告创意——营销创意——产品创意——产业创意——生态创意——资本创意。这条价值链就好像一座峰峦叠嶂的山脉，企业家需要不断把自己的视野投放在更高的顶峰，才能领悟到商业模式的真正内涵。

这个层次的划分也蕴含了人类商业思维和商业实践的六重境界：前两层是微观经济层面（广告和营销——针对企业与企业间的竞争）；之上是中观经济层面

（产品创意——填补区域和行业空白）；再上是宏观经济层面（产业创意——针对国家和国际形势）；再上是社会发展层面（商业模式创意——针对社会发展的有效需求）；最终是资本的层面（资本交易模式——针对人性需求）。

商业在这几个层面上运作的核心动力是"智慧"，越是高层面越是需要大智慧，商业经营到更高的境界便是大巧若拙、大智若愚，所有的资本、资源、关系、利益在智慧的统领之下自然而然地形成合力，不带任何刻意为之的痕迹。

无论是楼式模型还是双聚焦模型，它们的本质都不曾改变，就是价值转换的机制，其核心理念，就是以最低的资源投入，产生最高的价值，找到企业持续成长的整体性核心逻辑，找到企业持续成长的方程与路径。

猎富时代，模式创新

在企业发展逐渐走向快车道的过程中，市场暗流汹涌，企业极有可能在暗流的裹挟下被淹没。

所以，在金融市场畅游驰骋的企业，在市场竞争中拼搏突围的企业，终究还是要有一股力量作为其背后的支撑，而这股力量就是投行思维模式下的十种商业模式。

价值链模式

我们无法衡量一个企业的力量究竟有多大，但有一点十分确定——企业要生存发展，必须创造价值。

价值链模式，是企业成长梯队中一个特殊的存在。通过价值链模式，企业可以看清自身整体价值，清楚其价值实现的过程。因此，某种程度上，企业之间的竞争，不只是某个链条的竞争，而是整个价值链的竞争。

价值链模式，1985 年由哈佛大学商学院教授迈克尔·波特提出。迈克尔·波特教授认为："每一个企业都是在设计、生产、销售、发送和辅助其产品的过程中进行种种活动的集合体。所有这些活动可以用一个价值链来表明。"

投行思维在迈克尔·波特教授的认知基础上，将价值链模式向外扩张，上与供应商洽谈，下与客户沟通。

这就要求"上游环节"需要掌控材料供应、产品开发、生产运行等环节，方便资源配置；而"下游环节"则需要进行市场营销、售后服务等环节，掌控客户第一手资料。

要求不同，着重点也不同。"上游环节"的着重点放在产品上，因此需要与产品的技术性紧密相连，保障产品质量过硬，满足消费者购物需求；"下游环节"的重心则要放在顾客身上，根据顾客的建议对产品、服务等进行创新和调整。

因此，在一定程度上，投行思维中的价值链模式更加适用于现代企业。

泛网模式

不论是从个人还是从企业的角度来看，互联网的发展潜力都是不可估量的。

互联网依靠强大的链接能力，以及快速计算、处理的功能，使生活变得更快捷，在经济方面互联网同样有着至关重要的作用。在这种形势的影响下，渐渐衍生出新的商业模式——泛网模式。

泛网，特指包括互联网、手机网、物联网、物流网、人脉网在内的"泛网络系统"，而泛网模式就是应用上述五种网络形态，并进行创新的商业模式。

第三方模式

第三方模式，指通过第三方的运营而达到盈利的模式，即"第一方"为"第三方"提供资源，"第二方"为"第三方"提供传播渠道，"第三方"愿意为"第一方"（免费）获得"第二方"产品而付费。如支付宝就是典型的第三方支付平台。

第三方模式的概念是从"蓝海战略"演变而来。与"蓝海战略"只能引起"量变"不同的是，第三方模式更加优异，它能够从根本上解决成本问题，令成本从有到无，变成了"零成本"。

因此，第三方模式的实施不论对企业还是顾客而言，都有益处。从企业角度而言，第三方模式可以促进企业之间的合作，扩大销售渠道，各个企业从竞争对手转化为合作伙伴；从顾客角度而言，顾客可以免费获得产品与服务，避免客户对产品产生抵触情绪。

信息流模式

以传统洗衣店储值卡为例，其功能只有一个：消费者在储值卡里预存现金，消费者在享受刷卡消费的同时，也能享受到一定优惠。

但这样的储值卡有一个极大的弊端，即同一品牌各个门店不能实现信息共享，也就是说一张储值卡只能在固定的门店使用。这将给消费者带来很大的不便，例如，消费者办理储值卡后，由于搬家、出国等原因无法去固定的门店消费，储蓄卡无疑便成为一张没有任何价值的卡片，消费者也无法继续享用卡里预存的金额。

然而，投行思维赋予了储值卡或者说信息流模式不一样的功能。它实现了各个门店的信息共享，一张储值卡在各个门店都可以使用。

虚实模式

虚实模式，即不仅利用互联网模式进行传播，同时与实体经营结合起来，以满足消费者需求，进而让企业获得最大的利润。

但这只是针对企业与消费者而言，属于浅层次的虚拟模式，如果企业想要获得成功，就要强强联合，不仅让自己能够吃到肉，而且也要让合作伙伴喝到肉汤。

时空模式

时间是企业的秘密武器。与企业离不开资金、人力、渠道等核心要素一样，时间对企业的重要性日益凸显。

而当一些企业还在争论时间竞争优势的时候，另外一些企业早已开始善用时间，并取得了非凡的成就。例如，沃尔玛能够连续多年击败竞争对手，不仅是因为其出色的营销手段以及企业自身优势，更加重要的是沃尔玛对时间的重视——永远比竞争对手抢先一步。麦当劳由 12 小时营业到 24 小时营业的经营战略转变，也是运用时空模式走向成功的最好证明。

因此，时空模式的关键，就是将时间变成企业运作的垫脚石，以时间的创新为基础，不断放大企业利润空间、竞争优势。

环模式

生物、环境作为生态系统的组成部分，二者处于一种相生相融的循环状态之中。例如，春去秋来，花开花谢，待到来年又是春暖花开时，这是花循环盛开的状态。

商业模式中有一种环模式，它与生态系统类似，也是一种循环模式。但与生态系统不同的是，环模式在循环过程中，在创造不菲价值的同时，还能够让价值不断放大，且永无止境。

场模式

所谓矛盾统一性，指矛盾的对立面相互依存、相互发展，在一定条件作用下还可以相互转化。投行思维有一个观点与之类似，即场模式中的消费者也是生产者。

商业领域里，生产者指制造商品的人，消费者指花钱购买商品的人。这两类人各自有各自的立场，怎么能够一个鼻孔出气？然而，投行思维告诉我们，在一定条件下，消费者可以转变为生产者。

细想淘宝的运作流程，或许你就会对这一投行思维模式有所理解。

自由现金流模式

自由现金流是一种运用现金流的模式。现金流由企业在运营过程中创造出的现金减去支出的现金所得，将这些现金流有效运行起来会产生巨大的收益，即自由现金流模式。

企业发展壮大时第一需要的是资金，没有庞大的资金作支撑，发展就是天方夜谭。自由现金流模式可以很好地解决资金问题。例如，马云在最初创业时赚到了一些钱，如果他没有用这笔钱创办中国黄页，而是买房或者存入银行，那么就不会成就其如今的商业地位。

而企业经营者在创业过程中会攒下一些额外的财富，这些财富运用得当，将会产生更大的财富。那些最初的额外的财富在自由现金流模式中叫作"零成本"。

综合模式

没有公司可以仅依靠品牌吃饭，这是综合模式所倡导的。

确实，在竞争如此激烈的严峻形势下，终究没有任何一家企业能够仅凭"品牌"的影响力占据市场高地。时代告诉我们，只有运用投行思维将商业模式做到位，在综合能力上不断创新，消费者才会认可品牌，企业的发展道路也才会更宽、更广。

【投行思维航标】

时代变迁是一把双刃剑，在为企业带来革命性变化的同时，也为企业即将面临的挑战埋下了伏笔。

这戏剧性的一幕，赋予了投行思维新的使命——投行思维之于商业模式的创新作用。

阅读至此，相信你一定感受到"投行思维果真不负众望"，然而接下来的投行思维策略，定会让你更加心悦诚服，相逢恨晚之感倍生。

第七章

中国式裂变
——投行思维的策略

此抱团非彼抱团，重在专人做专事

日新月异的市场，使企业竞争越发激烈。在这样的市场竞争下，想要自己的产品从同类产品中脱颖而出，是巨大的难题，对那些实力相对薄弱的企业而言，更是强劲的挑战。

这种情况下，企业单干难以成事——与大品牌相比自身实力有限，且销售渠道也受到一定限制。因此，实力相对薄弱的企业想要获得生存空间与发展空间，最好的办法是与其他企业强强合作，通过抱团实现发展。

那么，实力相对强大的企业是不是就可以一劳永逸呢？

俗话说得好，一个篱笆三个桩，一个好汉三个帮。企业选择抱团合作，通过强强联合实现多元化发展，才能有新的突破，才能开辟新的天地。但抱团合作也要遵循一定的规则——木桶原理，即企业抱团发展优势的强弱，不在于某个企业的极佳优势，而在于那个处于劣势的企业。

因此，唯有整合各个企业的优势资源，才会更加有利于抱团发展。而且企业之间的联合能够实现企业资源共享和互补，如弥补企业资金不足的劣势，帮助企业分散风险，提高企业竞争力，减轻企业压力。

别样的抱团

任何事物都有两面性，抱团发展也一样。虽然抱团发展改变了传统形式的单打独斗，逐渐形成联合发展、共赢的局面，但是在真正实施时，我们往往会发现困难重重：有的人贪图小便宜，为争夺消费群体而大打出手；一些企业协作意识较弱，长期单打独斗已成为习惯并且防范心理严重；一些企业领导人的个人英雄主义较为严重，在抱团发展中，会阻碍协同作战战略的制定；一些企业也会因为利益分配不均等原因散伙⋯⋯

确实，各个企业曾单独打拼发展，占山为王，形成了各自的发展格局。而抱团发展则是形成一个更大的组织，一旦发生问题，如果意见很难得到统一，将导致"抱团发展"的名存实亡。

但是我们所讲的抱团发展并非此抱团，投行思维中的抱团发展，重在专人做专事。

传统的抱团发展通过对接人脉，使企业得到发展，如与当地政府合作，但这只是针对几个人而言，尤其是商会会长更具优势。而投行思维的抱团发展则是进行整合。例如，5 家企业进行抱团，我们首先会对每一家企业进行全面的分析，找出每一家企业最擅长经营的业务，然后展开明确的分工合作。

例如，A 公司最擅长的业务是生产，B 公司最擅长的业务是营销，C 公司最擅长的业务是采购，D 公司最擅长的业务是服务，E 公司最擅长的业务是招聘。

当 5 家公司抱团发展的时候，我们规定每一家企业只从事其最专业的工作，那么每一家公司是不是就相当于这个大的组织中的一个专业部门？站在"术业有专攻"的角度来看，每一个"部门"是不是都有能力将自己的专业做好？

更为重要的是，当 5 家公司抱团发展后，每一家公司的业务量会增加几倍。比如 A 公司主要负责生产，抱团后，按照我们的规定，其他四家公司的生产业务都要交给 A 公司去做。同理，A 公司其他方面的业务也会分配给其他四家公司去做。这样做的一个最大好处就是，省去了一家公司单独跑订单的时间和精力，整体而言提高了每一项业务的效率和品质。

抱团，企业力量的爆发

这样抱团进行良性循环，企业能够将专业优势发挥到极致，我们便可以将资源进行最合理的调配，做到资源配置最大化。

在这一方面，最成功案例当属温州商会。温州商会将目光主要集中在一个产业或者两个产业，再利用投行思维专人做专事的方法实现抱团发展。

而抱团发展与传统抱团发展最大的区别在于内部募资。但是内部募资也有缺点，很多投资项目没有进行专业评估，不知道究竟什么样的项目是好项目。但是温州商会想到了一个绝妙的主意，一个人先做项目，然后切块分给大家。如广州的白马服装城，就是这样完成的。

抱团发展将各大企业像珍珠链子一样串起来，形成一个完整的产业结构体系，不仅结束了企业单打独斗的局面，更为重要的是让每一家企业认识到了抱团发展更深层次的意义，即学会专门的分工合作，共同将企业做大、做强。同时，通过抱团，能够让企业认识到一种新型的商业模式，让产业结构得到裂变升华；通过抱团，企业能够将自身业务做专、做精，而这正是抱团发展的魅力所在——

将一个产业链里的某个环节做到极致，从而降低成本，创造效益；通过抱团，企业的销售渠道会更加广阔，同时能够将各个企业紧密联系在一起，将利益绑在一起，共同发展。因为，唯有将各企业利益绑在一起，才能使众人齐心协力将抱团组织变得更加强大。

　　没有永远的敌人，只有永远的利益。投行思维抱团模式，无疑是最好的共赢方式。

打牌论，让低手变高手

运用投行思维经营的企业过程中，有一个非常实用的技巧，叫"打牌论"。

"打牌论"简单来说，是指如果每人手中有一张牌，将这些牌合在一起，就会形成一副好牌。我们把这副好牌称之为"打一手牌"，而这种逻辑思维叫"让低手变成高手"。

如果一个人手里有一副好牌，这叫"打一手牌"吗？答案是否定的。因为一个人手中的牌即使再大，五个人的牌合起来是同花顺，也比四张 A 要厉害。再者，牌的数量越多，打一手好牌的概率也能够得到相应地提升。

因此，"打牌论"说的是把牌合起来，而不是单打独斗。

有个朋友，做过多年电商，对电商方面的业务很熟悉。在跨境电商变成国内的热点后，他动了心思，想进军跨境电商。但除了对电商业务熟悉外，他没有其他优势，于是，他想到了找人入股，目的就是加入资源。他分别邀请当地政府和当地一个对政府政策运行非常熟悉的教授入股。因为，按照政策规定，在当地从事跨境电商的公司可获得政府补贴 50 万元，按照教授的参股份额，教授可获得政府补助 500 万元。这样一来，他轻松获得 550 万元的资金。同时，政府还为其提供厂房、土地。而他本人只不过投入了区区 100 万元而已。也就是说，他拉入有效的合伙人成立公司，资产便从 100 万元涨到了 650 万元，公司市值也随之上涨。几个股东合在一起，既有产品，又有政府的支持，新公司注册一个月后，股价便像火箭似地直线上涨。

这是"打一手牌"的典型案例。

想要做到 100% 成功很难，但是，只要参与"打一手牌"的人越多，圈子越大，那么成功的概率就会越高。所以，寻找"打一手牌"的战友就显得愈加重要了。

知道了什么是"打一手牌"，我们应该进一步了解，打一手牌的注意事项和特点。

首先，主动打一手牌。如果你的牌面是 2、9、10、J、Q，B 的牌面是 3、7、9、10、J，C 的牌面是 4、5、6、K、A，D 的牌面是 6、8、10、J、Q。那么你应该如何打一手牌？显然，你必须主动与 C 或者 D 联合起来，才能形成一副可以出手的牌面。而与 C 联合可以形成一副最大的牌面：10、J、Q、K、A；与 D 联合可以形成一副相对较好的牌面：8、9、10、J、Q。所以，在打一手牌的过程中也会涉及选择的问题，即我们必须看清楚谁手里有我们需要的牌，谁手里的牌对我们而言是一副"废牌"。

需要注意的是，主动打一手牌的前提是，我们手里面的牌必须相对够大，同时只需要其他人手里面的一张或者两张牌即可组成一副比较好的牌面。

主动打一手牌的优势就在于我们可以继续掌握主动权，不会失去企业的领导地位。

其次，被动打一手牌。如果你的牌面是 2、3、4、Q、K，B 的牌面是 A、2、3、7、Q，C 的牌面是 3、7、8、J、A，D 的牌面是 4、7、9、10、J。那么你应该如何打一手牌？

显然，你现在已经处于被动选择的境地，那么最应该做的就是看清楚谁才是自己的最好合作伙伴。如果两两对决的话，D 的胜算无疑是最大的，所以我们应该把目标锁定为 D。当 D 向我们伸出橄榄枝的时候，我们应该以最快的速度与其联合。

被动打一手牌的优势就在于，虽然我们失去了主动权，但我们的资源获得了最大化配置，我们的企业不会在竞争中被淘汰。

被动打一手牌适用于规模相对较小的企业，但手里面拥有大企业急需的一方面或者两方面的核心资源，可以是人才队伍、核心技术，也可以是市场优势、品牌优势等。

企业在战略性发展上，应该具备一定的远见，若是方向错了，所有的努力都将白费。

真正有战略眼光的企业家都能够看到企业三年或者五年后的问题。

移动互联网＋，风口上的风口

　　"只要站在风口猪也能飞起来。"这句话广为流传，用在企业发展上，大抵意思为，只要找准并站在风口上，企业就会迈上一个新台阶。自2014年始，这一风口无疑是"移动互联网＋"。借助"移动互联网＋"这股东风，各类O2O企业如雨后春笋般冒出。

　　传统行业在"移动互联网＋"的引导下，各出奇招。而随着凉茶企业在"移动互联网＋"领域的大胆尝鲜，也引得各大巨头纷纷展开行动。

　　凉茶企业王老吉，牵手百度外卖、当当网等，借助其凉茶庞大的用户资源，布局"移动互联网＋"战略。同时，不遗余力地进行宣传，在广州举办"超吉＋战略发布暨传统行业互联网＋"高峰论坛，旨在借此机会拉开向互联网转型的序幕。

王老吉除了牵手众多移动互联网企业推广产品，还建立了超级联盟平台。该平台分为三部分：电商入口、内容通道和互动服务。消费者可以在平台上购买产品、分享美食等。功夫不负有心人，一番苦心得到回报，王老吉的年销售额达到200亿元，售出超60亿罐产品。

不仅仅是王老吉，在移动互联网时代，很多企业都玩出了新花样。"雕爷"孟醒做的新项目河狸家美甲，颠覆了美甲行业的旧玩法；"房多多"的互联网新思维，更是刷出了房地产行业的新纪录。

"房多多"是一家移动互联网房地产整合服务平台，是迅速崛起的新生力量。"房多多"引进大量先进的数据技术包括利用移动互联网颠覆传统电商的广告投放模式，为买房、卖房者提供最优选择、最好服务与最快成交。

单看这些，"房多多"与其他房地产企业似乎没有任何区别，但短短三年时间，就完成了1000亿元的销售额。

"房多多"的成功，一是靠IT系统支撑，二是以人为主，每个人都可以在这个平台上做经纪人，放宽限制，形成了一个能够打败传统房产销售模式的新的商业模式。

传统意义上，中介公司的经纪人运作的都是二手房，"房多多"却反其道而行，与房地产开发商合作开发新房，并将房产资源信息开放给经纪人，让经纪人直接参与到新房销售的过程中。

相对传统的房产机构采取的"一二手联动"，虽然能够解决一部分问题，但是会出现局限性。毕竟二手房经纪人接触到的资源有限，所以会遏制房地产开发商获得新增客源。如此下去，便会形成恶性循环。

"房多多"通过网络平台，与二手房经纪人共享资源，推动了"一二手联动"的业务规模化。以万科项目为例，万科向"房多多"开放了18个项目，有3000

多名经纪人参与到 18 个新楼盘的销售中，共带来了 12596 名看房客户，最终共成交了 1599 套新房。

"房多多"利用 IT 系统，分别满足了房产开发商、经纪人，以及普通用户的需求。"房多多"利用网络平台，不仅拓宽了销售渠道，加速了资金回笼，对开发商而言，也是一件好事，利于双方发展；对经纪人而言，经纪人掌握房源信息，不仅提高了成交比例，还能增加佣金，提高了经纪人的积极性；对购房用户而言，有了更大的选择空间，可以购买最喜欢的房屋。

"房多多"的这套系统可谓一举数得，不论对谁都有好处，所以才能发展如此迅速，使其他房地产企业望尘莫及。这无不证明"移动互联网 +"是风口上的风口。用互联网思维颠覆传统行业，在以前看来也许只是一句口号，但是如今的局势却证明了"移动互联网 +"的魅力与活力，实现传统行业的自我颠覆、组织重构、管理进化与互联网转型。

投行思维＋，冲向新三板

这是一个剧变的时代。我们可以看到熟悉的大品牌、大企业一个个迈向老年，走向衰退，失去市场影响力；然而一个个名不见经传的小企业却在很短的时间内迅速崛起，成长为参天大树。

导致这一切发生的原因是什么？为什么会出现这样的一幕？

2012年1月19日，柯达正式向法院递交破产保护申请。

柯达公司的失败是因为它在摄影行业发展中选错了道路，但更为要命的是它没有迷途知返，而是在错误的道路上渐行渐远，最终走向了失败。究其根本，则是没有顺应时代潮流，没有认清行业趋势发展，被消费者以及时代所抛弃。

所以，在改革开放40多年后，如果企业想规避失败，扫除发展障碍，必须利用"投行思维＋"增强自己前行的力度。

马云曾经说过："我不懂互联网，每天思考商业模式，思考最多是资本与投行。"正是如此，从淘宝到天猫，从支付宝到余额宝，利用投行思维思考新的商业模式，马云缔造了一个商业大国。

美国管理协会近期的一项研究表明：美国 90% 的创业成功企业有投行参与；而在中国，形成规模的企业 95% 有投行参与运作！正是由于投行参与，才奠定了这些企业成功的基石。

2019 年，有 52 家公司在创业板实现 IPO，有 30 多家中国企业在纳斯达克主板上市，经过调查分析，我们会在很多企业的 IPO 中发现投行的身影。

苹果的成功不仅仅与领导者有关，更与投行有关。迈克·马克库拉向苹果投资了 25 万美元，并用这笔投资换取了该公司 30% 的股权。当苹果上市后，迈克·马克库拉成为百万富翁。

在更早之前，当爱迪生发明灯泡后，银行家摩根看到了商机，投资 200 万美元与爱迪生一起开办电灯公司。

西风东进，投行思维来到中国，改变了中国许多企业。德丰杰是全球著名的大型风险投资公司，在 2000 年注资百度，以 1200 万美元收购了 28% 的股份。而在 2005 年 8 月，百度登陆纳斯达克，当天收盘时竟然达到 360% 的涨幅，而对于百度最大的投资者德丰杰而言，获得了将近 50 倍的回报。

运用投行思维获得的是双赢，不仅企业受益，也使投资人收获颇丰。

投行思维 + 互联网

互联网的出现，顺应了时代的发展，而在新的经济社会形态下，企业需要进行自我提高，对产品、销售渠道等各个方面进行优化，实现资源最大化。

套用一句老话，消费者在变化、时代在变化，同样企业思维也要随之发生改变：消费者变了，企业营销就要玩出新花样；时代变了，企业就要顺应时代潮流进行改革升级。这个潮流就是投行思维＋互联网——让各个行业深度融合，构建新的产业链，重新建立商业模式。

投行思维＋金融

如果一家企业想借助资本的力量，首先要懂得资本是如何运作的。

我有个浙江老乡，起初只是做音响加工，产品销售到海外。当时，我向他提及资本运作可以帮助他更好地经营企业时，他很不屑，认为资本运作是虚无缥缈的东西。

但是，他是个非常聪明和善于学习的人。自此，他开始留意他人，发现原来许多企业已经借助资本的力量，成功上市，企业发展壮大，于是他也心生此念，开始学习资本的知识。

根据他产品的生产销售特点，我认为，在海外上市所产生的影响力会比国内上市更加强大，对未来销售市场的影响也会很大，所以，尽管海外上市对企业各方面的要求比国内更加严苛，但他还是决定就此一搏。

接下来的时间，他便展开了融资活动。幸运的是，在短暂的时间内，他便融资 2000 万美元。经过多方努力，公司成功上市，他也顺利从银行获得贷款，让企业始终处于血液充足的发展状态。

这也是为什么企业纷纷希望挂牌上市，因为企业上市后，资金需求的问题就能够得到较为充分的解决。需要贷款，只需抵押股份，而且贷款利息不增反降。

这时，资本运作仿佛变成了一种图腾，深深地植入我这位老乡的脑海，未来，他还想继续上市。

他的第二个公司上市，自然容易多了。他带上自己的名片，兴高采烈地奔向当地政府，滔滔不绝地向政府领导描述他要做上市公司的想法。由于已经有了一个上市公司的背书，政府对他的计划非常认可，于是，第二个公司的上市工作顺利进行。

随后，政府低价租借给他1000亩土地，价格1万元/亩，前提是一千万元需提前支付给政府。尽管要先把钱支付给政府，但对于他而言也不是什么困难的事。这是为什么呢？

原来，当他的公司注册成立之后，便可以得到当地政府的补贴，补贴相当于抵消了他之前预支给政府的一千万元。

随后，他拿出30%的土地，打造了一条商业街，为他带来了稳定的现金流，同时也为当地政府解决了搞活经济的问题。

同时，他开始了大张旗鼓地借壳反向并购上市之路。

借壳上市，简单来说，是指通过收购、资产置换等方式取得已上市公司的控股权，那么，该公司就可以以上市公司增发股票的方式进行融资，如此便可以上市。

也许是幸运之神的眷顾，也许是他的聪明好学和勤奋，使他在短时间内，掌握了资本运作的手段，有魄力有能力也有雄心，快速完成了四个上市公司的运作，依然可以称得上是一个奇迹。

投行思维 + 冲向新三板

"新三板"是指中关村科技园区非上市股份有限公司进入代办股份系统进行转让试点，但因挂牌企业不同于以往的企业均属于高新企业，故称为新三板。

中小企业要做大、做强，要在经营发展中有所突破，首要解决的问题便是中小企业融资问题。新三板的出现为中小企业带来了曙光，成就了中小企业上市融资的梦想。

同时，新三板挂牌公司都是透明化、规范化管理，形成有序的股份退出机制，能够促进公司进行规范化管理，提高公司信誉。新三板的出现为创新型、创业型、成长型中小企业发展提供了机遇，能够让中小企业摆脱单一传统的盈利模式，转向多元化发展。

尽管新三板对中小企业、创业者裨益良多，但成功于新三板挂牌上市，对中小企业、创业者而言实属不易。

然而，无论是"投行思维＋互联网"、"投行思维＋金融"、"投行思维＋资产"还是"投行思维＋任何一种现行事物"都为中小企业、创业者的上市进程铺平了道路，为其冲刺新三板添加了助力。

"投行思维＋"是一种思维，一种创新，一种助力。在时间的印证下，"投行思维＋"更是企业的一种生存方式，运作方式。在不同的市场面貌下，"投行思维＋"同样呈现不同的面貌，引领着企业冲向新三板，走向独具特色的发展道路。

【投行思维航标】

当企业发展停滞不前，企业管理者思想僵化时，投行模式应运而生。

投行思维为企业扫除发展障碍，让企业不会停下迈向远方的脚步。

在如此机缘之下，从立本到成业，从有形到无形，企业的种种成就，无不烙下了投行思维的印记。

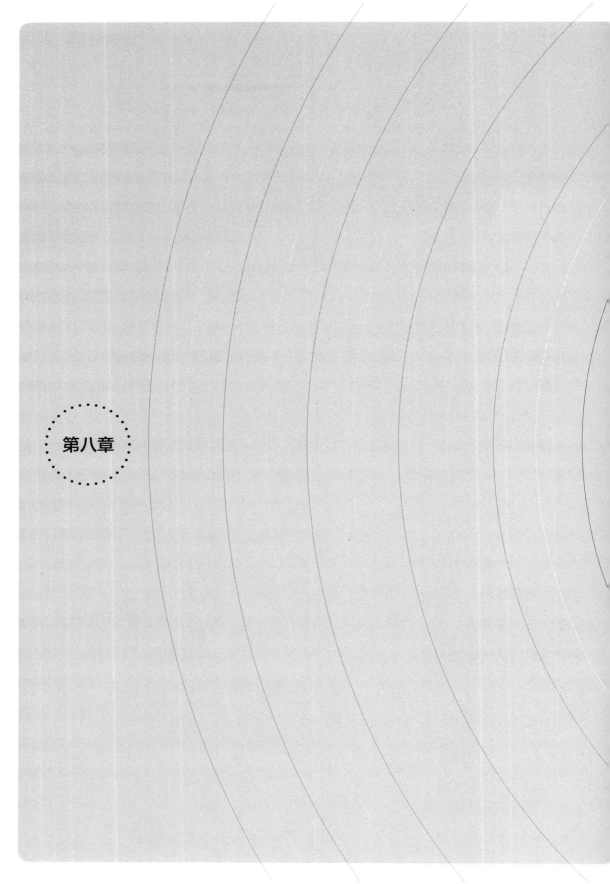

第八章

找风口不如做风口

——投行思维之应用总结

关于风口上的"猪"，已经家喻户晓了，关于万一能实现的"梦"，也名扬天下了。其实，无论是雷军还是马云，他们所要表达的无非就是两层意思，第一，没有坚实的基本功，没有勤奋是成功不了的；第二，有了勤奋，有了坚实的基础也不一定能成功。还需要什么呢？还需要台风口。还需要把握大的发展机遇，把这个机遇把握好，抓住这个机会，你才有机会成功。

我想，投行思维就是要告诉你，做到"勤奋＋机会"是远远不够的。否则，站在风口上的猪不都飞起来了吗？！而真实的现状是，多少人尽管看到了风口，站在了风口，还是没能起飞，为什么？因为没有战略布局，如何看得到风来了？即使起飞了，飞得越高，摔得越脆，你敢飞吗？！

勤奋，每个人努努力，还是可以做到的，但机会，不是人人都能看得到、等得到、操作得到，唯有站在全局的视野，掌握了资源，做好了布局，才能抓住机遇。那么，没有风口，就自己做一个风口，先让自己飞起来吧！

做一个创业公司

做一头有梦想的还要飞的"猪",首先要做一个创业公司,让自己有一个承载商业模式的实体,一个产生现金流的基础,这是投行思维布局的第一步。

话说,任何一场年会,永远都是人头攒动,令人辨不清南北。随便挑选5个人,3个人便是创业者。从生物链平衡的角度分析,创业者已经泛滥成灾。

在此大众创业、万众创新的时代,如何在众多创业公司中崭露头角?一个好的商业模式是公司存活下来的基础,而对行业的选择更是重中之重。

选择一个行业入口

鲁迅先生曾说:"世上本无路,走的人多了,也就成了路。"但这句话并不适用于行业选择。在创业选择上,这句话应该改成"世上本有路,走的人多了,便没了路"。

若是把一个行业比喻成一桶水，第一个人发现的时候，欣喜若狂，可以豪饮；第二个人加入进来，兴高采烈，平分天下；第三个人进来，眉飞色舞，三足鼎立。但是当第四个、第五个……第十个人都来分这一桶水的时候，也许每个人只能分到几滴水。

所以，就像一个杯子总有盛满水的时候，每个行业也都有自己的饱和度，在市场未饱和的时候进入，可以分一杯羹，待市场饱和后再进入，"水"就会溢出来。所以，创业者在选择行业时，要谨慎对待，毕竟行业的空间是有限的。

运用投行思维，首先，我们选择从别人的问题出发，解决别人的痛点，来作为行业的入口。

通常，创业的人首先考虑的是自身有哪些资源，自身什么最擅长，自身对什么最熟悉，很少去留意周边行业、市场、客户存在的问题是什么。

这就是所谓的正向思维，所以，我们需要改变常规思维方式。

不识庐山真面目，只缘身在此山中。从自身角度考虑，我们就是"山中人"。当我们跳出来，从外人的视觉，去看"庐山"时，才能看清真正的"庐山"。

站在外人的角度看世界，也许真的看到一个不一样的世界。

柯特大饭店是美国加州圣地亚哥市的一家老牌饭店。由于原先配套设计的电梯过于狭小，已无法满足越来越多的客流需要。于是，饭店老板用重金请来全国一流的建筑师和工程师商量对策。

建筑师和工程师的经验都很丰富，他们讨论的结果是：饭店必须新换一部大电梯。为了安装新电梯，饭店必须停止营业半年。

"除了关闭半年就没有别的办法吗？"饭店老板的眉头紧锁，"要知道，这样会造成很大的经济损失……"

"必须这样，不可能有别的办法。"建筑师坚持说。

他们的对话恰巧被一位正在扫地的清洁工听见，她马上直起腰，停止了工作。看着忧心忡忡的老板和一脸自信的建筑师、工程师，突然开口说："如果我是你们，知道我会怎么安装这个电梯吗？"

工程师看了她一眼，问："你能怎么做？"

清洁工回答："我会把电梯装在屋子外面。"

工程师和建筑师听了，顿时诧异得说不出话来。

很快，这家饭店就在屋外装了一部新电梯。在建筑史上，这是第一部装在室外的电梯。

"外行看热闹，内行看门道"，但正是外行不懂内行的规则与定式思维，才一览无余地发现了内行的缺陷，才能毫无顾忌地提出颠覆性的观点，为内行们独辟蹊径。

就像前面提到的青岛高总，也是首先解决了联通开户推广的销售问题，又解决了银行开拓新业务模式的问题，还解决了手机生产商的出货问题，才顺理成章地解决了自己的问题。成全别人的同时，成全自己，这正是投行思维中成功商业模式的典范。

让专业的人做专业的事情

找到了市场切入点，我们还需要进一步学会投行思维中的技巧，反向匹配资源。创业初期，最需要的其实就是各方面的资源，最好的解决方式是让更多人参与进来，在每一个环节放上专业的人员和专业的资源，这就是我们常说的"让专业的人做专业的事"。我们要做的是掌握资源配置的主动权，即做游戏规则的制定者。

很多创业公司喜欢所有的问题自己解决，不专业的人偏偏选择了去解决在专业领域已经解决了的专业问题，耗时耗力，资源错配，最重要的错过了机会，这是非常可惜的事情。

2014 年下半年，微商圈层出现了风靡一时的微商城层级推荐系统，系统也迅速在很多微商城中普及运用。磐丰投资的兄弟公司泛系信息科技也很快推出了这套微商城推荐电商系统。在接待过的客户中，发现有一部分客户非常执着想拥有自己的系统，希望自己能够开发这样的一套系统。殊不知，此类系统的专业开发工作已经成熟，代表这个行业风口已经正当时，如果自己再开发，时间至少需要 3 个月，试错时间和系统熟练使用周期，加起来足足半年的时间，推荐电商微商城的风口早已"呼呼"地飘过了。

不擅用资源就是浪费，时间，是最好的资源，错过了，不知道还有没有下一回。所以，创业必须学会整合资源。正向整合资源已经是惯例，那就反向匹配资源，跳出定式思维。总之，资源整合原则就是经营最大化、管理最小化，效率最高，价值最大。

设计良好的运营体系

就像"万事俱备，只欠东风"一般，行业的选择、资源的配置一并到位，那么创业公司的运营体系，就显得非常重要了。

"雕爷"孟醒策划的河狸家美甲生意一经推出便异常火爆。他做了什么？解决了什么问题？他在哪部分提高了收益？我想这是人们想知道的问题。

众所周知，美甲师的收入其实并不高，但孟醒却将美甲师打造成一个专家，在提升档次的同时，也让他们增加了收入。他的体系是让一部分人先富起来，在利益得到满足的同时，也等同于将利益结构向上调整。

重新构建利益链，反向匹配资源，是投行思维在做运营布局时的一招撒手锏。

企业通常的做法是增加宣传力度，下调价格等。但这样做下去，也许最后只能成为别人的陪衬。做创业公司最常规的方法是找一些人开发产品，随后进行打磨，最后找人销售。但极为讽刺的是，消费者不一定会买账。而设计运营体系就会产生不一样的变化，就像"雕爷"将美甲做成一个体系，而不是用常规方法运行。

众所周知，公司无论隶属哪个行业，最终都需要用产品征服客户，因此，将终极产品做成毒品般让客户上瘾是做一个创业公司的关键。

"终极产品做成毒品般让客户上瘾"的说辞，在一定程度上，道出了"企业活下去最重要"其实是一个伪命题。因为，一个创业公司不仅要活下去，更要打破常规的经营模式和思路良性循环运作。

有人认为，风口催生了一个无与伦比的美好时代，是对创业者的恩赐；有人则认为这是一个暗流涌动的激进时代，是对创业者的惩罚。其实，关键不在于这个时代本身如何，而在于你怎么看这个时代。

人们的思维方式决定其对创业本身的看法，以及其在创业过程中的所作所为。创业其实不难，做项目也不难，最重要的是思维方式要有所突破，在这个过程既成就了别人，也成就了自己。中国企业未来成长的历程不会停留在当下，不会满足于现状，想要不断超越、不断前进，需要借助投行思维，让企业成长为商业神话。

做一个上市公司

　　用投行思维布局行业，做一个创业公司；用投行思维设计商业模式，构建运营体系；用投行思维撬动资本，做一个上市公司；用投行思维让企业飞起来，建立一个持续盈利的人钱闭环体系。这种感觉只有投行人才能够体会到其中欲罢不能的感觉。

　　通常人们都希望把公司做强做大做上市，因为，公司上市可以带来很多好处。从资本层面来说，能够得到充裕的资金，用以开拓新市场；从风险层面来说，持有者需要将一部分股份抛出，此举相当于与大众一同承担经营风险，同时可以增加股东的资产流动性；从管理层面来说，不仅可以提高公司知名度，而且可以增加公司透明度，提升大众对公司的信任程度。

　　公司上市可谓一举多得，让众多企业不断追逐。但上市成功率又让这些企业退避三舍，究其原因，问题很多，这里不一一赘述。我们运用投行思维来做一个上市公司，只要做好以下四步即可。

第一，股权治理

许多公司因为股权分配而伤透脑筋，因为股权分配不合理引发多种问题。若是公司内部选择平衡股权结构（指公司股东之间所持股份相当接近），易造成公司控制权与利益所得权失去平衡，形成股东僵化的局面；将股权过分集中，会形成一人独大的现象，董事会如同虚设，缺少制衡机制，公司会承担更多的风险，一旦公司陷入危机，后果不堪设想；同样，股权也不能够平均分配。公司股权一旦形成多数股东股份持平、"人人有份、各个平均"的局面，又会造成公司管理难度加大，此时，公司的大部分精力不是放在公司发展上，而是放在了如何平复各个股东之间的猜忌中。可见，合理的股权结构是公司治理的基础，对公司运作方式、经营发展有着重要影响。一旦股权结构失衡，不利于公司进一步扩大。因此，公司上市前必须对股权结构做出合理分配。

第二，模式重构

只有重构商业模式，才有可能提升公司的发展力度。事实上，模式重构已经成为一种常态，即公司发展到一定程度便要进行商业模式创新。时代的发展与科技的进步，催促着公司向前发展，而每当公司遇到瓶颈时，或者发展到一定阶段时，就要进行商业模式调整，做到与时俱进，否则效率、业绩都会下降。

重构商业模式已成为公司上市、保持竞争优势的最佳选择。但在重构商业模式以前，公司需要进行综合评估，全面分析公司问题，组织人员进行调查，得到清晰答案才能够全面启动，以增加上市成功的概率。

第三，财税整合

公司上市的关键问题多达数百个，而在中国特定环境下，公司普遍存在的问题更是数不胜数，财务、税收、法律等各个方面的问题都会涉及，而首当其冲的便是财税问题。

但是很多大股东的脑海中没有这种意识，导致公司上市失败，轻则一无所有，重则招致牢狱之灾。

广东的小蔡创办了一家公司，公司发展前景一片大好，并且准备年底上市。但就在这时，一件看似简单的小事让他的上市梦想瞬间崩塌。

一天，小蔡看中了一栋别墅，但是他手里的现金有限，于是便从公司财务部门拿走了 100 万元。在小蔡看来，公司是自己的，使用一些钱财没有问题，也没有签订借款合同。

正是这种疏忽之举，小蔡被公司其他股东告上了法庭，起诉名目便是挪用公款，最后被判处七年有期徒刑。

所以，公司股东一定不要疏忽大意，认为公司是自己的，便可以为所欲为。无论是分红、工资还是其他项目的钱财，都要有借有还。另外，工资与分红也要有相应的记录，否则便是偷税漏税。

财税整合要做到财务管理的统一，从最大程度上做到资源配置效率最大化。

第四，风险控制

公司从设立到运行、从决策到实施方方面面离不开法律政策，都需要依附在法律政策的框架下采取行动。如果公司对法律风险、政策风险评估不足或者处理不当，不仅会招致一定的经济损失，严重的还要承担法律后果。因此，公司在上市之前需要建立健全的法律体系，做好防范工作，并在公司运作中做好调控。

　　熟悉投行思维的运用，可以在公司起步之时就将公司股权、财税、法律以及风险等问题，做好布局，为公司打下良好的基础，在公司成长的任何阶段都能有序有效地解决问题，提升公司发展速度，把握公司每一个上台阶的机会。有战略地布局、有模式地运营、有规划地迭代、有步骤地发展，在投行思维指导下的企业，不仅可以做到稳步发展，更能做到高速高效。

做一个自由人

公司上市，意味着一个随着市场需求自由运作的小体系已经完成，接下来，我们应该构建一个持续盈利的大系统，使自己成为一个尽量不受世俗约束的自由人。

所谓自由人，是运用投行思维进行正确的商业活动并最终实现财富自由的人，拥有足够的时间、足够的资本，去做自己想做的事情。因为只有自由的人，时间、空间以及手中的各种资源的利用率才是最高的，生活的效率才是最高的，也算是变相地延长寿命了吧。

之所以要做一个自由人，我想很多人首先想到的是"想干啥就干啥"的自由，其实，那仅仅是简单意义上的自由。

作为一个普通人，吃饭不过三餐，睡觉不过 2 米见方，衣食住行，随心所欲，这样的自由也就够了。但是，这显然不是我们学习投行思维所要追求的自由。

人都会有自己的梦想，之所以想要自由，就是想用自由去完成梦想而已。

投行思维认为，把对梦想的追逐、对时间的投入和对挣钱的能力考量三者之间的关系理清，才有资格做一个真正的自由人。

与梦想结合

能把自己的梦想坚持到底的人，我们最熟悉的莫过于乔布斯了。乔布斯的成功秘诀之一就是"梦想改变世界"，他说，苹果卖的不是产品，而是梦想。正如他自己对苹果公司的忠诚一样，他始终坚持自己的梦想。

乔布斯是个虔诚的禅宗教徒，一生都在践行禅宗许多或神秘或简约的理论。纵观苹果各个时期的产品，都能寻觅到禅宗或浓或淡的痕迹。他还是一个严格的素食主义者，对自身心智的运用达到收放自如的境界，对自己所坚持的设计理念，始终循着独立不迁的感觉一路走下来，且将执念广泛地运用在人生的每个角落，即便在他病危的那刻，他都坚持这一想法。无论从思想方面还是行为方面，是做公司还是做产品，乔布斯都是一个拥有梦想的自由人。

巴菲特是当代最成功的投资大师，他创造了一个又一个投资神话，他的投资理念让人折服，全世界炒股的人不计其数，大家公认的"股神"却只有巴菲特一个。但从他的嘴中，我们从来没有听到过一个神奇的字眼，全是踏踏实实的大白话。多年来，他始终气定神闲，无论从哪个角度上看，巴菲特都是一个自由人。跟金钱有关吗？跟资本有关吗？跟市场有关吗？跟权力有关吗？似乎都没有，其实，巴菲特的定力并非来自超人的智慧和胆识，而是他对价值投资带有一种绝对崇敬的信仰。这种信仰已经超越了巴菲特对金钱的追求，他一生的投资生涯与其说是追逐财富，还不如说是在为价值投资到底灵不灵求解。

无论是否普通，每个人都有自己的梦想，只有精神和物质都自由，才能放心大胆追逐自己的梦想。

对时间的投资

什么是时间的投资？

时间，对于每一个人来讲，是最宝贵的、也是最无价的。如果说出生在不同的家庭，踩着不同的起跑线的话，那么上天给每个人分配的最公平的资源，就是时间。时间可以改变一个人的面容和机体，垂垂老去之时，一无所成；时间也可以成就一个人，在有限的生命中让事业开出绚丽的花朵。如果我们掌握了时间这个资本，做出了有效的投资，何尝不能在有限的生命过程中，做出令人回味的事情呢？！

我认为，一个人的时间段配置，可以分为四种情况：一是享受的时间；二是学习的时间；三是赚钱的时间；四是浪费的时间。

如何配置个人的时间段？我们来看看罗伯特·波是如何做的。

哈佛商学院的高级讲师罗伯特·波，除了担任讲师以外，还是布鲁金斯学会的高级研究员，MFS 投资管理公司的执行主席以及多家公司的董事。他之所以能够同时胜任多种工作，主要因为他能够合理运用时间，而且根本不会让自己累垮。

他始终认为，每个人都需要合理运用时间。不仅仅是节约时间，提高工作效率，更应懂得投资自己的时间和精力，也就是分清主次，该做什么就做什么。

投行思维中的时间配置，与上述案例中的时间投资道理相差无异，人们要懂得合理安排自己的时间。

首先，享受的时间。

人并非是苦行僧，大自然赋予了人类所有的美景、美食以及一切美好的事物，都需要人尽情地去享受它们，正如花开花落都有不同的美一样，会休息会享受也不是投行人必修的功课。在充分享受大自然的同时，也许上天把灵感已经种在了你的大脑里。

其次，学习的时间。

这是人生必不可少的时间，不论年龄、不论经历、不论学历、不论身份，不断地学习才能不断地走在这个世界的最前沿，不被社会边缘化。

第三，赚钱的时间。

赚钱的时间是指我们通过工作获取报酬的时间。赚钱对刚刚踏入社会的大多数年轻人来说，应该是非常重要的，为了成为一个相对意义上的自由人，花费一定的时间赚钱是一个必经的过程。但是，难的是如何在有限的时间里，使赚钱的效率最高，这是投行思维可以教会你的。

第四，浪费的时间

时间是上天给予每一个人最公平的资源，大多数人对时间的浪费毫不吝惜，在这个时间段里，既没有享受，也没有学习，更没有赚钱，不知不觉间，一切都逝去了。就像歌中唱的："时间都去哪儿了？"其实，浪费时间是每个人都存在的情况，关键是有多少人自省。

投行思维所讲述的规划时间，就像规划自己的资源一样，是非常重要的而且是从小到大一直要做的，因为时间是上天最公平的给予。规划时间，合理使用时间，让有限的时间资源发挥出最大的效益，说白了就是，你的一年相当于别人的三年甚至五年，你的成长速度是别人的三倍或者五倍，这就是学习投行思维最终的结果，也是成为一个自由人的最高境界。

有人说，站在高层能量场上划着一根火柴的能量，会远远大于在低层能量场上引爆一颗原子弹的能量，这是对举重若轻这个词汇最好的解释。

我们每个人都希望可以成为具备很大能量场的人，可以对这个世界的发展有所推动，可以对人类的进步有所贡献，至少，也要对周边的人产生一定影响。

投行思维，教会人们站在行业的源头，站在资源的顶端，从最高的层面，向下俯视，此时你不再感受到同层之间的撕扯和拼杀，不再在众多的产品和行业中纠结，不再为找不到资源而郁闷，也不再为小有成就而沾沾自喜。因为，你看到的是更广阔的道路，更多的市场需求和更多尚未开发的资源，你要做的就是站出来，举起你手中的牌，吸引更多的好牌，凑成一副充满能量的同花顺，帮助别人的同时，成全自己！

【投行思维航标】

投行思维教会你，没有风口，就自己做个风口吧！

做一个创业公司，让自己有稳定的现金流。

做一个上市公司，把专业的事情交给专业的人去做。

做一个自由人，让自己有更多的时间、资源和能量，去帮助别人成长，让别人成功，实现自己的梦想！

附录

投行楼模式 100 句

投行楼模式 100 句是投资人在企业运作、商业模式以及资本之间的多年的互动及研究基础上的总结。

1. 用外行的方法做内行的事情

"二战"时期的美国企业家亨利·凯泽，从 0 出发，硬是将建造每艘自由轮的时间从 1 年缩短到 2 周，超过了英国这个老牌造船大国。凯泽因为对造船的无知，用独特的解决办法，重新设计了组装流程，比英国人的传统方法更快更便宜，为同盟国赢得了战机。

2. 用选美的方式做行业品牌体验

千家网，品牌管家服务。从布线服务起家，洞察消费者需求，用选美的标准把行业品牌体验做到极致，复制连锁，横跨十多个行业，且每个细分行业均可获利百万元以上，前程不可限量！

3. 以咨询换股份，以时间换空间

尚道女性营销，三年获得高速发展。以"得女人者得天下"为核心价值观，以合伙人形式打造产业链，以投资客户方式赢得未来，即使自己不上市，其入股

的企业也为它带来超预计的价值。

4. 企业政治论

企业之内，生意是最大的政治；企业之外，政治是最大的生意！政府是许多企业最大的客户或唯一客户，合理利用国有资源，成就自身能力。

5. 企业驾驶论

做企业如同开车上路，市场是路标，模式是座驾，管理是驾驭，资本是燃油。别指望拖拉机能开出奔施的速度，所以先打造好你的座驾——商业模式。

6. 企业最终赢在顶层设计

论智力，罗马人不如希腊人；论体力，罗马人不如高卢人；论经商，罗马人不如迦太基人，但这些部族最终都成为罗马人的手下败将。汉尼拔可谓战略之父，却最终战胜不了罗马人，为什么？简言之，输在顶层设计。

7. 商业模式"链式思维"之重构交易链

从没做过手机生意的青岛高总，首创"开户送手机"模式，用交易链串起联通公司、银行与厂家，仅用 2 万元的启动资金，做成了一单利润超过了 2000 万元的生意。重构交易链后，先让别人在你的链条上获利，最终你就能获利。

8. 商业模式"链式思维"之重构利益链

在企业内部，管理极简化，依照人性设定"利益链"，调动加盟商积极性，实现野蛮成长。在企业外部，向上抓住产业链源头，占领优势资源，向下，抓住渠道，管理好"利益链"。

9. 商业模式三部曲

初创阶段，商业模式解决创意落地；扩张阶段，商业模式寻找结构性动力因素，扩大现金流，实现倍速增长；成熟阶段，商业模式提高资产收益率，实现股东价值最大化。

10. 创业融资三部曲

初创时，投资人最看重的是创业者是否有"商业模式创新能力"，包括有否具有创新思想，是否能组建优势互补的团队，是否具备坚韧执着的意志。

转型期，投资人最看重"商业模式重构能力"，是否找到了扩张方法，包括是否能吸引顶级人才加盟。

IPO前，投资人最看重的是"模式优化能力"，意味着企业是否能够成为行业领先者，具有让资产增值更快的能力。

11. 一个好的商业模式，一定要找一个志同道合的投资人

因为只有这样才能提高你的成功率。

12. 把企业当产品

有人把企业当老婆，不容许别人插足，不计回报与结果，不管生老与病死，一辈子守着；有人把企业当儿子，含辛茹苦培养成人，砸锅卖铁给娶媳妇，说不定最后连儿子也送了人。做企业应该像做产品一样，允许大家众思众谋，做好一个卖掉一个，这样才能价值最大化。

13. 赚大钱的都是不正常的人

非常规化思维，才能创新不断，收获颇丰。

14. 企业宣传的、销售的和以之为盈利的，可以是三个不同的东西。

这正是商业模式设计的魅力所在！

15. 个人职业发展需要有适合其个性的模式来匹配

模式对了，发展自不必说，个人与企业一样需要有合适的商业模式。

16. 验证商业模式是否成功的四个关键指标

向外：顾客效用、竞争地位，内算：现金流（支付能力）、盈利能力。

17. 模式设计中的十大陷阱之一："理性歧途"

创业者新进入一个行业，大多想的是先赔后赚，不曾关注自己所从事的商业行为的后续价值，结果往往会导致巨大的亏损。在那些边际成本偏离平均成本越大的行业，这种商业损失越容易发生。

18. 模式设计中的十大陷阱之二：需求巨大，用户稀疏

深圳某学员，做"网上交通违章罚款项目"，看起来需求量超大（有车的人就有交通违章的可能），可实质上这种需求无法汇总。现代商业的很大部分成本用于寻找用户，如果只能用 n% 来描述用户的项目，注定前程缥缈！

19. 模式设计中的十大陷阱之三：无差别竞争

商业竞争上，所有企业都不遗余力。竞争作为一种使利润耗损的力量，不仅与产品数量和竞争强度相关，更与竞争属性相关。这种无差别竞争表现在客户的"脑"中。

20. 模式设计中的十大陷阱之四：不懂产业成本构成与企业结构性成本之间的关系

由于企业在成本构成上缺乏足够的分析方法，因此在发展扩大企业业务时，只能对原有的资源进行浅层次的整合，把做生意与做企业混为一谈。多元化与专业化纠结，使企业在扩张与衰败之间摇摆。

21. 模式设计中的十大陷阱之五：信息匮乏与缺乏利用信息的能力

商业中存在着泛对称，例如：销售业绩是不可能有保证的，而为此需要付出的费用却是需要保证的。再比如：消费者获取消费信息越来越容易，而企业要获取商业隐性信息则越来越难。如此情境下，创业者会对取之不易的信息，缺乏分析判别能力和信息利用能力，导致自以为发现了"重大商机"，不料陷阱已埋伏在前方。

22. 模式设计中的十大陷阱之六：充当"全能选手"，实质是纸老虎

广州某家具公司投入百万，打造了家具生产、物流、销售、售后一条龙，表面上似乎打通了全"产业链"，实质上是全线效益不景气。"打造某某平台"已经成了创业人挂在嘴边的理想，事实上，"全能"成了"全不能"。

23. 模式设计中的十大陷阱之七："优质产品"误区

随着产品的不断丰富，一切针对消费者核心需求的功能越来越得不到重视，同时随着符号消费时代的到来，提供实际价值的活动也越来越偏离商业模式的本质。"知生产实用价值，不懂如何分配价值"。例如：图书产业就是受符号信息伤害最严重的产业之一，伤到根本了，现在要找一本"真正有见地"的商业书也不容易了。

24. 模式设计中的十大陷阱之八：融资虚荣心

众多企业都很容易忘记平衡支点的重要性，将现有的资源浪费在不必要或与自身资源不相符的事情之上。例如：年利润只有300万的企业，跟风融资2000万，如果说融资，撬动杠杆容易，那么如何去杠杆？玩不动大钱，就被大钱压死。

25. 模式设计中的十大陷阱之九："创意误区"

很多人都讲创意，坚信创意可以四两拨千斤。如果道不精，花拳绣腿只能浪费更多的时间和资源。所以，创意的底座是实力，把一件事情做到极致才是真正的创意。

26. 模式设计中的十大陷阱之十：模仿"行业标杆"

行业领导者做什么，跟着做什么，是企业经营中的最大误区之一。应该寻找与自己企业禀赋特质相匹配的模式，解决结构化问题，俗话说，最好的模式就是量身定做。

27. 商业模式中的X因素，就是"企业心智模式"

商业模式是一种为企业创造利润的思维方式，尽管创造利润的方式有千万

种，但每个企业都会从中选择一种。此时，企业的主导思维框架就显得尤为重要，因为它是决定商业模式的重要因素。

28. 模式设计中的三个关键面：定位、业务系统、盈利模式

自由现金流反映的是企业价值最大化的要求，带来了轻资产管理方式方法（金融工具）；关键资源与能力是一种匹配，需要理解这种能力是什么，并逐渐清晰积累和构建的路径。

29. 人是万物的尺度

普罗泰哥拉如是说，意即商业模式的本质藉由与人互动来获取，所以每个人就有每个人的商业模式。任何真理都需要某种衡量尺度，模式建构顺应人性，合适自己才是应该追求的。

30. 商业模式描述："结构——功能——组合"

泰利斯认为，水是一切事物组成的基本材料。在泰利斯眼中，只有最基本的描述才能表示真正的实质，所以我们这样描述商业模式。

31. 商业模式创新方法从"价值创造"转向"价值分配"，可列入"政治经济学"的新课题

老业务玩出新花样，之前总结过某快递公司只赚加盟者1元钱快递费，该快递公司已经野蛮成长为业内老二了。现在又发现一家刚成立二年多的快递公司，重点扶持各地分站，再造"交易链"，业绩已进国内前8。

32. 重构交易链是商业模式设计的一个重要工具

重构交易链，关键要解决两个问题：追求交易的信息成本最低，激励各利益相关方相容程度最高。

33. 七天连锁酒店的"从不竞争"模式

垂直切割：将企业有限的资源都用在能让客户感受到价值的地方上，且企业

内一切活动和业务都要围绕"天天睡好觉"这个客户核心需求；会员制、信息系统和电子商务三大匹配；四线支持、三线监管来保障体系的运营。

34. 商业模式与法律思维

IPO 律师的法律思维"主体—权利—行为—责任"框架，正是商业模式中的"利益链分析方法"。万理归宗，背后同一个道理。

35. 商业模式 VS 管理模式

商业模式是指企业、客户、中介、环境利益相关关系，而管理模式是从资源到价值转换的方式。

36. 中粮"六结合"商业模式

"六结合"即"内贸与外贸相结合，流通与加工相结合，贸易与收储、物流、营销体系相结合，现货与期货相结合，政策性业务与市场化经营相结合，收储与农业服务相结合"。

37. 商业模式创新四大支柱

内容上，价值定位；方式上，价值网络；手段上，价值实现；对象上，目标客户。

38. 商业模式研究的四大任务之一：整合（integration）

对企业现有的关于商业模式的资料按性质、观念进行分类、整合，建立一个模式数据库，并以此为研究工作的基础。

39. 商业模式研究的四大任务之二：解释（explanation）

对企业现存的现象、问题做一个合理、有价值的解释，进而对企业的模式有一个全面的了解。

40. 商业模式研究的四大任务之三：推测（speculation）

模式研究并不是完全的科学论证，所以其不具备十足的预测能力，但对于未来的发展趋势还是能够做出一些可靠的推测。假如整合的资料足够多，资料库足够大，其对未来的预测会更加有可信性。

41. 商业模式研究的四大任务之四：处方（prescription）

商业模式与医道有惊人的相似之处，如果一名医术高明的医者只懂得诊断，却开不出有效的药方，看病不医病，也是徒劳。商业模式专家也是如此，如果自己能够对当下问题做出合理的解释，并能有效预测发展方向，却不能提出有效的解决方案，也不能被称之为"商业模式专家"。

42. 模式思维的总体取向

模式思维是一种综合性思考程序，以最后目标和现实路线为起点，此即总体取向。我们的全部经验告诉我们，最好把复杂的现象加以简化，把问题割开来，然后再来寻求解决方法，但模式思维所要求的方法恰恰与此相反，要求把许多个别问题纳入一个系统之中，并拟定长期计划以解决这个总问题。

43. 模式思维的主动取向和模式思维的前瞻取向，即远程思考

一切模式都是从思维开始，以行动结束。古人所说的"先知""远虑"其根本意义其实是一样的，都是强调思想必须成为未来的导向。

44. 模式思维的务实取向

模式研究始终还是一种"经世之学"，模式思想必须有助于企业实际问题的解决，而不可流于空洞的玄想。模式固然是抽象的，但却又不能过分抽象；必须认清时空背景，否则就会不切实际；模式思想是连续的，不是速溶咖啡；必须具备弹性，"骨头要硬，头脑要软"；要具有适应性，可受性，可行性。

45. 商业模式的三个面向

面向客户，客户最重要；面向股东，用业绩说话；面向员工，团队是企业的生命。

46. 现代企业的"三足鼎立"商业模式

传统企业以单一经营目标净利润为准，而现代企业除了经营净利润，重要的还要有经营现金流（投融资）、经营资产，形成三足鼎立的商业模式。所以，现代企业"不怕没钱赚，就怕链子断"！

47. 比亚迪公司的低成本创新商业模式

①逆精益生产方式，以人工自动化生产，人工检测提高产品质量。

②模仿竞争对手的产品，并从中获得利润。

③单一产业纵向一体化和多个产业相关多元化特征明显。

④商业模式高于业务模式，建立以商业模式为目标的产品开发计划。

48. 商业模式改造 9+3 模式：9 个起点

从客户方：①基于品类，②基于客户需求，③基于客户接触途径；

从主体方：①基于自身禀赋，②基于核心能力，③基于市场；

从渠道方：①代理，②加盟，③股权。

49. 商业模式改造 9+3 模式：3 个能力

一个企业有了经营历史，输入的是钱，输出的除了钱，还有累积的（客户）关系、经验、（做某事）能力三项，所以改造也可以从这三项开始：①关系复用；②经验输出；③能力复制。

50. 商业模式首先就是一种思想方法

诚如德鲁克所言："企业之间的竞争就是商业模式之间的竞争。"而商业模式之争首先体现在思想方法上。

51. 模式研究的基本假设

（股东）主体意识、功利意识、理性意识、乐观意识，只要研究方法合乎客观、逻辑、系统这三种条件，就可以讲我们的方法是有科学依据的，而任何的科学研究又起于基本假设，商业模式研究也不例外。

52. 模式研究的基本假设之一：（股东）主体意识

企业家的思想和行动都以股东利益为基础，一切企业史都可证明此种假定的正确，所以在这个意义上，股东的主体意识是企业存在的依据。

53. 模式研究的基本假设之二：功利意识

企业利益是企业政策的北斗星。通俗的说法就是不赚钱的企业是不道德的。利益相关者关系受到客观规律的支配，而规律的根源又深入到人性之中，所以人性至上，即孙子所说："合于利而动，不合于利而止。"

54. 模式研究的基本假设之三：理性意识

所有的企业家都是理性主义者。什么是理性？理性通常表现在选择上。

55. 模式研究的基本假设之四：乐观意识

正因为企业家是行动主义者，主要是靠机遇而非解决问题来发展企业，所以必然是乐观主义者。

56. 商业模式的视角主义

我们可从多个角度来研究商业模式，从业务角度，从关系角度，从利益角度、从信息流角度等，而我自己更喜欢从资本角度来考量，可抓住要领，更接近实质。

57. 商业模式研究体系内的划分，可分为五大类

①经验理论；②规范理论；③理性理论；④推测理论；⑤实用理论。

58. 商业模式的本质是将利益相关者的价值重新进行配置

59. "企业楼模式"表达

何为复杂？复，层多，杂，信息多。作为表征、理解、分析复杂系统，就是"层次—功能—结构"方法。

60. 企业所呈现的一切问题，其实都是商业模式的问题，所以，商业模式是

根，是解决企业问题的关键

61. 商业模式的作用层面，其实蕴含了四层境界

微观层面、中观层面、宏观层面、社会发展层面。由此，我们也不难明白，为何商业模式创新更是一种颠覆性创新，苹果公司的 iPod 就是一个典型案例。

62. 商业模式就是商业魔方

一个面的组合，把有着共同利益属性的资源板块，组合成一个大的利益交换平台。多个面的组合，即一个模式构建出多个不同利益平台，实现复合交易。"合利而动，依人性而为"，资源有限，资金有限，买家有限，规则有限，组合无限！

63. 商业模式的 R-SOME 模型

主体（企业）、客体（客户）、中介（渠道、供应商）、环境，这四者关系可以互相融合、互为转换。角色相对论是探究利益相关者"关系"的根本方法。

64. 成功的商业模式具备三个条件：提供独特的价值、难以被模仿、脚踏实地

65. 价值中心思维

商业模式最关心的就是价值创造，为顾客创造商业价值，为投资者创造企业价值。所以商业模式思考的焦点在于"价值的双聚集"，形成"以价值为核心"的思维，我们称之为"价值中心思维"。

66. 物流、信息流、资金流的良性循环，是良好的商业模式不断追求的目标

67. 商业模式告诉你的两件事情：一是企业如何运行的，二是如何满足客户需求的。说白了，商业模式就是一座实现客户和企业价值最大化的桥梁

68. 波特竞争战略是从产业竞争角度讨论企业的商业模式

通过"五力模型"分析企业的竞争态势，对一般性战略进行取舍，最后通过价值链分析形成企业系统化的竞争优势。这三大工具构成商业模式构建的一个体系。

69. 特劳特的定位战略是从客户认知（品牌）角度讨论企业的商业模式，通过心智定位确立品牌，基于品类、需求和客户接触途径进行战略匹配，并最终形成差异化的竞争优势

70. 从某种意义上讲，蓝海战略是设计、实施商业模式的工具而已

所谓蓝海战略，就是从业务层面分析企业的商业模式，而蓝海业务必须满足四个方面主张，即价值主张、价格主张、成本主张、流程及人员主张，其间涉及各种商业模式。

71. 财富是可以做乘法的

通常的商业模式，基于企业收入减去成本，计算利润，是个平面系统。一度战略（华红兵）从顾客角度研究企业的商业模式，即从顾客九要素着手，构建"六力系统"商业模式（顾客、产品、价值、品牌、渠道、沟通），在网状经济条件下引入第三方、第四方的可能，也就是收入与支出不是简单的加减，从而引出此结论。

72. 商业模式的 2W3H 范式

商业模式必须回答的五个问题（2W3H），也是商业模式创建的逻辑顺序：

①赚谁的钱？

②如何赚钱？

③为什么能赚钱？

④赚多少钱？

⑤能否持久最大化地赚钱？

73. 着重从资本角度来研究商业模式

从资本角度出发，可说是实用主义，说白了，不管什么模式，能赚钱、能持久赚钱，适应于现实情境的模式，才是好模式。能适应的，必定有一个适应情境

的形态，所以我们更加看重研究企业根本性的"形态"。

74. 商业模式形态分析之一：价值链模式

价值链分析是波特竞争战略分析的基本工具之一。企业与企业间的竞争，不只是某个环节的竞争，而是整个价值链的竞争，整个价值链的综合竞争力决定企业的竞争力。沿着一个产业链，向上游可掌控资源，向下游可掌控客户，更有甚者可掌握全价值链。在价值链取舍上做文章，我们统称为价值链模式，是重构商业模式的最基本模式。

75. 商业模式形态分析之二：泛网模式

泛网，我们特指包括互联网、手机网、物联网、物流网、人脉网等构成圈层的一切网络体系。泛网模式就是指应用在上述网络体系内而创新的商业模式。例如：产销合一的安利模式；以供应链取胜的利丰模式；Netflix "长尾"落地，变身配送公司的模式。

76. 商业模式形态分析之三：第三方模式

第三方模式也称介模式，顾名思义，是借助第三方的资源而实现的模式。如第三方付费（"零价格"和"成本转移"）、第三方空间；诺贝国际传媒"给图书延伸一米"，成为书签媒体。

77. 商业模式形态分析之四：信息流模式

商业模式的重点突破将落在信息流的应用模式。例如，荣昌伊尔萨的"一卡通"模式，一方面能够加强对荣昌伊尔萨加盟店的管理，掌管其门店现金流，另一方面能够更好更快地发展客户。

78. 商业模式形态分析之五：虚实模式

虚实模式，即不仅利用互联网模式进行传播，同时与实体经营结合起来，以满足消费者需求，进而让企业获得最大的利润。

79. 商业模式形态分析之六：时空模式

所有金融产品的创新都可以说是基于时间的创新，因此基于时间、空间，以及时空转换的模式将大有可为。

80. 商业模式形态分析之七：环模式

环环相扣，整合多方利益，形成利益生态链。

81. 商业模式形态分析之八：场模式

所谓矛盾统一性，指矛盾的对立面相互依存、相互发展，在一定条件作用下还可以相互转化。投行思维有一个观点与之类似，即场模式中的消费者也是生产者。

阿里巴巴就是一个极佳案例。

82. 商业模式形态分析之九：自由现金流模式

自由现金流模式就是"无成本"保险资金支撑的产融模式。巴菲特模式就是最好的案例。保险业务为股票投资提供零成本资金，通过股票投资获得的额外收益又为实业投资提供资本金，而通过实业投资获得的利润又将转化为保险业务的流动性后盾，这是一个近乎完美的产融结合的价值链条。

83. 商业模式形态分析之十：综合模式

具备前面9种特征的模式即为综合模式。其实许多模式都具备这种特征，如前面的9种分法，只能说是我们在模式创新实践中的一种主观的总结而已。

84. 十大模式的层次性、功效性与评级

尽管我们的分法相当主观，但在企业商业模式的具体案例分析中，从模式一到模式九的层次性，以及它们的竞争力是梯次递进的，所以我们也称之为"战略控制级别"，层级越高，企业的评价得分越高，越具备投资价值。

85. 商业模式最本质的突破，在于其掌门人心智模式的突破

从这个角度讲，商业模式创新能力是可以训练出来的。知三行七，知行合一。

86. 企业运作的最高境界是资本运作

企业需要依靠资本的力量，实现颠覆式成长。

87. 商业模式的最高境界是顺应人性

任何最合适的模式都是量身定做的，顺应人性的模式才是最合适的商业模式。

88. "投行思维"价值生成逻辑之一：价值发现

企业通过"金矿探测图谱"，结合种种方法加以探测与挖掘，即可找到投资市场没有显现出或者未完全映射出的潜在价值。经营者以活在未来的视角，挖掘潜在价值，便可成为企业的价值发现者与挖掘者。

89. "投行思维"价值生成逻辑之二：价值创造

企业在运作过程中往往需要对商业模式进行创新，突出核心能力与资源的运用，对能力与资源进行整合，科学配置企业资源，清晰规划实现路径，使企业运营过程更加合理、协调。事实上，企业通过一系列手段创新商业模式，进而对相关产品及服务进行资源匹配的过程，就是为顾客创造价值，为投资者创造价值的过程，就是价值创造。

90. "投行思维"价值生成逻辑之三：价值放大

当企业创造出价值之后，面临的一个最棘手的问题就是——怎么卖。这关系到价值提供者与价值需求者之间建立的链接关系。明确价值需求者是谁，了解价值提供者能够提供什么，接下来的工作便是将工作做到实处、做好链接工作，将价值放大。

91. "投行思维"价值生成逻辑之四：价值优化

实现价值优化，可以帮助企业再创辉煌。面对价值优化，企业需要考虑两个问题：谁向我付费，我向谁支出。而且在这两者中，还有一层重要的因素不容忽视，即企业在其中能够赚多少钱？进行价值优化的过程，就需要做到向我付费如何最多、我的支出如何最少，从而实现企业利益最大化。这不是一个简单的计算过程，而是对企业资源优化重组，形成优化的价值生态链体系，在不知不觉间创新商业模式，推动企业快速自我颠覆的过程。

92."投行思维"两大核心八字方针：商业模式，杠杆对冲

企业的根基在于自身的造血能力，商业模式是根基中的根基；杠杆是帮助企业快速融资、快速发展的有力工具，需要合理使用；对冲则是企业抗风险的能力和保障。从投行视角创新商业模式与构建企业生态系统，运用金融杠杆技术、有效的资产配置及风险对冲，让企业实现高速增长。

93."投行思维"三大心法之一：跳出个人圈层，占领资源高地

投行思维的关键就是资源配置，即对资源进行调配控制，以获取最大的利润。最大化资源配置便是寻找资源价格洼地，将处于价格洼地的资源搬到价格相对较高的地方，反向匹配出价高者，实现资源的快速、有效配置。而寻找资源价格洼地的前提是，要跳出个人价值洼地，以大局眼光从长远层面看待已有资源，只有放眼整个市场环境，才能得到更全面的资源配置结果。

94."投行思维"三大心法之二：以人为本，构建人钱关系的闭环

处理公司与员工、人与人之间的关系，是一个永久不变的话题，也是一个最难有满意结果的话题，因为人是有人性的，而且人性是在变化的。一种方法在当时当地是有用的，换一个场景也许就失效了。所以，以人为本，是一个永久的话题，需要管理者永远去研究和追逐的目标，真正做到顺应人性，找到人性最能创造价值的 G 点，才可能构建人钱的闭环。

95."投行思维"三大心法之三：钱是最核心的商品，把钱当作商品来使用

钱不仅仅是钱，钱的背后有着多种属性和价值可以挖掘，钱的背后所隐含的附加值和资源，正是我们所需要探究、挖掘和利用的，成功者的思维永远是透过

现象看本质，"钱"就是个商品，同样具备价格和价值的属性。

96."投行思维"四大理念之一：公司产品化，把企业当作产品来经营

把公司当作产品捆绑到行业链条上，与其他公司的产品一起，借力推广顺势销售，获得最大的效益。

97."投行思维"四大理念之二：货币贸易化，货币进入商品流通的轨道，使货币的使用效率最高

不要把货币划上符号，它仅仅是企业的一种商品或资源而已，是资源就要好好使用，让资源的使用效率最高，使用效益最大。

98."投行思维"四大理念之三：资产证券化，市场流通性最大化

资产证券化，给企业带来的好处，首先是降低了融资成本，同时优化了企业财务状况，增强了企业的资产流动性，融资规模也灵活了，不受企业净资产限制。资产证券化，让企业资产流通性最大，回报率最大，是投行思维所寻求的结果。

99."投行思维"四大理念之四：市值最大化，企业成为持久盈利的体系

100."投行思维"的最高境界，搭建一个永久持续盈利体系，使自己成为一个自由人

［1］投行小兵.投行十年：我在投行的日子［M］.北京：法律出版社，2015.

［2］徐子桐.投行笔记［M］.北京：机械工业出版社，2014.

［3］投行小兵.投行实鉴［M］.北京：清华大学出版社，2014.

［4］张国峰.走向资本市场：企业上市尽职调查与疑难问题剖析［M］.北京：法律出版社，2013.

［5］（日）保田隆明，编著.投资银行青春独白［M］.周书林，译.北京：中信出版社，2008.

［6］班妮.亲历投行：中国投行的若干传言与真相［M］.北京：中国法制出版社，2014.

［7］李洋.投资自己的梦想：孙正义的人生哲学［M］.北京：新世界出版社，2015.

［8］（美）罗伯茨，编著.并购之王：投行老狐狸深度披露企业并购内幕［M］.唐京燕，秦丹萍，译.北京：机械工业出版社，2014.

［9］（美）盖斯特，编著.华尔街投行百年史［M］.寇彻，任晨晨，译.北京：机械工业出版社，2013.

［10］王小奔.进击金融圈：告诉你一个真实的投行［M］.北京：中国人民大学出版社，2015.